SALON
DES
ARTS APPLIQUÉS
- PARIS -

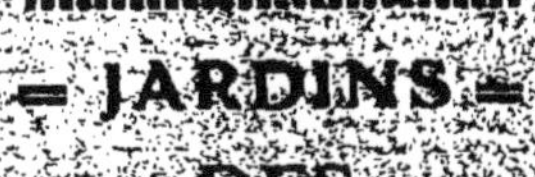

- JARDINS -

= DES =

TUILERIES

1920

SALON

DES

ARTS APPLIQUÉS

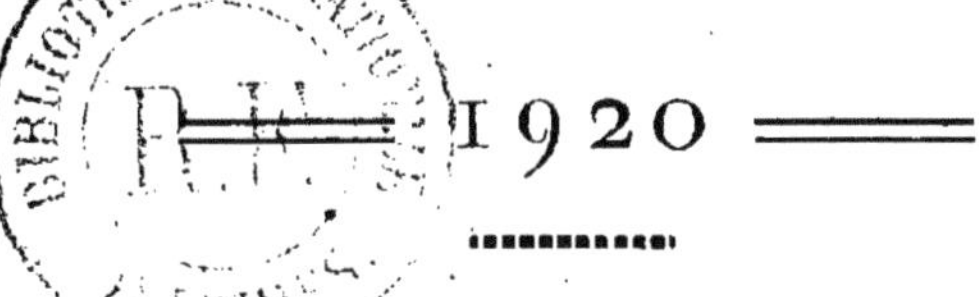

=== 1920 ===

···········

JARDIN DES TUILERIES

Rue de Rivoli

=== PARIS ===

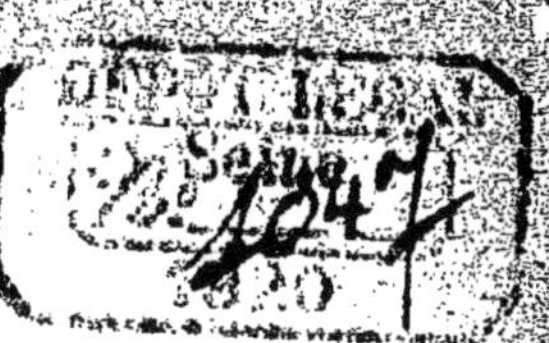

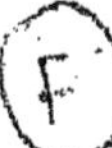

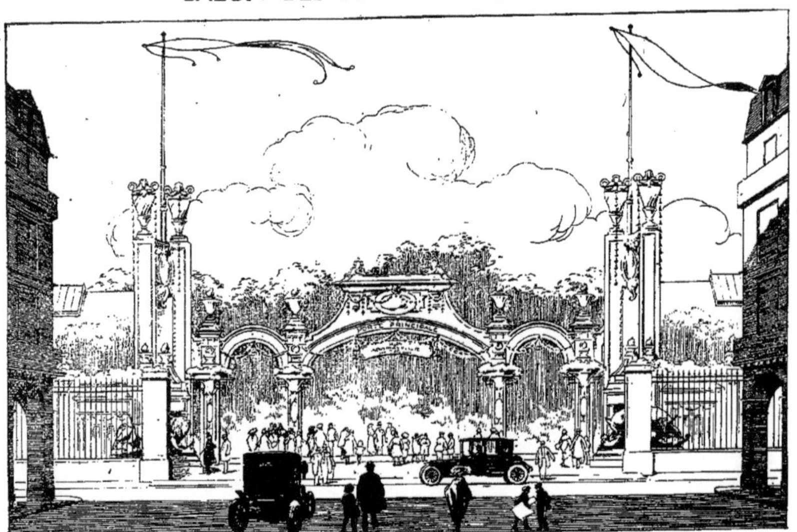

Construction L. Lapeyrère,

Porte d'Entrée principale, en face la Rue Castiglione

Sculpture-Décoration
A. Saubiac & Fils et J. Ber

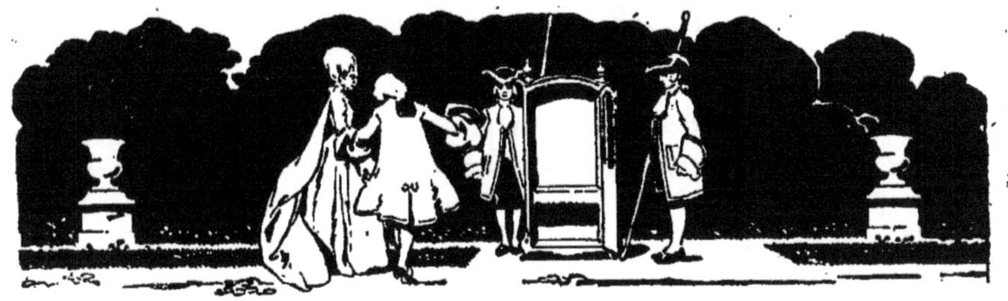

Salon des Arts Appliqués

(ancien Salon des Industries du Mobilier réuni)

....

EXPOSITION AU JARDIN DES TUILERIES
1920

organisée par

**l'Association Générale du Commerce et de l'Industrie
des Tissus et Matières Textiles,**

**le Groupe des Chambres Syndicales du Bâtiment et
des Industries diverses,**

la Fédération des Industries de la Mode,

l'Union des Syndicats du Luxe et des Arts appliqués,

**l'Union des Syndicats des Industries de la Plume
pour Modes et parures,**

et les Chambres Syndicales

de l'Ameublement,

de l'Association Syndicale des Photographes français,

de la Bijouterie-Joaillerie-Orfèvrerie de Paris,

de la Bijouterie fantaisie et des industries qui s'y rattachent,

de la Céramique et de la Verrerie,

des Chemisiers de France, détail,

de la Chemiserie et de la Lingerie en gros pour hommes,

3

les Chambres Syndicales

du Commerce de la Nouveauté,
de la Curiosité et des Beaux Arts,
de la Confection française pour dames et fillettes,
des Corsetières de Paris,
de la Couture parisienne,
des Dentelles et Broderies,
des Fabricants d'appareils pour l'éclairage et le chauffage
    par le gaz et l'électricité, l'hydrothérapie et l'assainissement,
des Fabricants de chapellerie pour dames,
des Fabricants de bronzes,
des Fabricants de chapeaux de paille et feutre pour dames
    et fournitures pour modes,
des Fabricants de corsets en gros,
des Fabricants de fleurs artificielles de Paris,
des Fabricants français de ganterie en tissus et des industries
    qui s'y rattachent,
des Fabricants de plumes pour modes et parures,
des Fabricants de tissus élastiques,
des Fabricants de tricot et bonneterie fantaisie de France,
de la Fantaisie pour modes,
de la Flanelle manufacturée,
des Fourreurs et Pelletiers français,
de l'Horlogerie de Paris et des industries qui s'y rattachent,
de la Lingerie confectionnée pour femmes et enfants,
des Maîtres-Tailleurs,
de la Passementerie pour dames,
des Tailleurs-Couturiers,
des Tapissiers-Décorateurs,
des Tissus d'ameublement, tapisseries et tapis.

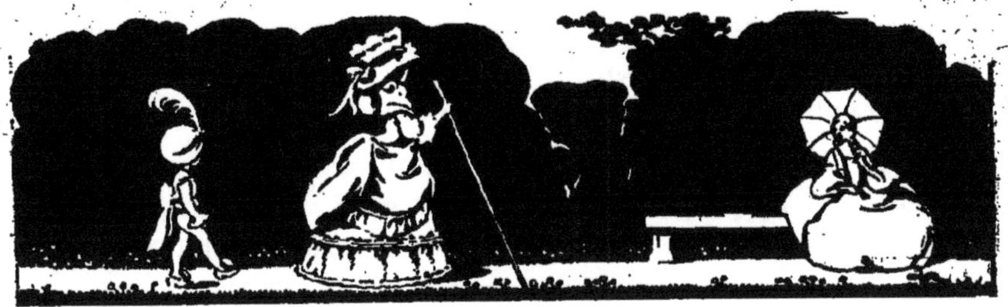

EXPOSÉ

Le *Salon des Arts appliqués* vient d'ouvrir ses portes, continuant la tradition des anciens Salons du Mobilier qui, de 1902 à 1914 obtinrent tant de succès à Paris. Tous les Parisiens, tous les hôtes de la capitale, se souviennent des expositions fastueuses que, pendant douze années, les Chambres syndicales de l'Ameublement, du Bronze, de la Bijouterie-Joaillerie-Orfèvrerie, de la Céramique et de la Verrerie, ont offertes à l'admiration des connaisseurs. Organisées avec un souci constant des intérêts des exposants et des visiteurs, préparées dans leurs plus légers détails de manière à satisfaire aux légitimes aspirations de tous, ces expositions d'art décoratif avaient su attirer et retenir toutes les sympathies.

Interrompues pendant cinq années par la guerre, ces expositions renaissent plus brillantes que jamais, dans un cadre nouveau, enrichies de nouvelles merveilles apportées par les chambres syndicales qui se sont jointes aux créatrices du Salon du Mobilier pour montrer d'une façon générale dans la nouvelle exposition, l'art décoratif et l'art appliqué français, dans toutes leurs manifestations, non seulement celles de la décoration, mais encore celles du vêtement et de la parure.

Dès 1908, le Comité des anciens Salons du Mobilier avait étudié les moyens de préparer un *Salon des Arts appliqués*. C'est bien la réalisation de ce projet qui est présenté aujourd'hui à l'appréciation des amateurs du monde entier.

*
* *

Les cinq grands groupements syndicaux et les 33 chambres syndicales organisatrices du *Salon des Arts appliqués* n'ont pas, comme certaines expositions le prétendent faire, restreint leur programme à un genre spécial ou à un style particulier. Ils ont fait appel à tous les artistes, à tous les producteurs, ne prétendant pas sélectionner les genres ou les styles, mais entendant, au contraire, donner à toutes les initiatives le moyen de se produire largement, en laissant au seul public le soin de les apprécier et de les juger. Cependant, les commissions d'admission instituées par le règlement du Salon ont soigneusement examiné tous les envois et ont interdit sévèrement l'accès des stands à tout ce qui ne répondait pas aux qualités requises, tant au point de vue artistique qu'à celui de la fabrication ; le faux luxe, la copie servile, les modèles dont le prix réduit résultait de la fabrication défectueuse ou de l'emploi de matériaux insuffisants, ont été écartés sans pitié. Il est donc possible de dire que les œuvres admises au Salon représentent vraiment les meilleures productions de l'art industriel français et que les exposants constituent l'élite de nos producteurs.

Le *Salon des Arts appliqués* n'a pu, ainsi que les anciens Salons du Mobilier, être installé au Grand Palais des Champs-Elysées, faute de place au printemps. En effet, à cette époque de l'année, la meilleure sans contredit pour les expositions, le Grand Palais est occupé par le concours hippique et les Salons de

Peinture. Il convenait donc de trouver, au centre de Paris —
tâche presque impossible — un espace suffisant pour installer
une exposition qui avait besoin d'une superficie importante.
M. le Ministre de l'Instruction Publique et des Beaux-Arts,
sollicité à cet effet et se rendant aux arguments présentés, a bien
voulu mettre à la disposition des Syndicats organisateurs, dans le
Jardin des Tuileries, le long de la rue de Rivoli, l'emplacement
nécessaire à l'édification des halls du Salon.

C'est donc grâce à la bienveillance de M. le Ministre de
l'Instruction Publique et des Beaux-Arts et à l'appui de M. le
Directeur des Beaux-Arts que le *Salon des Arts appliqués* a pu
s'installer en plein centre de Paris, à côté de la rue de la Paix,
sur l'emplacement qui convenait le mieux pour présenter, dans un
cadre digne d'elle, une exposition des Arts industriels français,
patronnée officiellement par le Ministère du Commerce et de
l'Industrie.

*
* *

Les exposants du Salon sont répartis en trois grands halls :

Le premier hall, allant de la rue des Tuileries à la rue du
29-Juillet, est occupé par les seuls exposants de la Chambre
syndicale du Commerce de la Nouveauté. Entièrement décoré
et installé par les soins des exposants, ce hall est bien celui de
la Parisienne. Elle y trouve, dans un brillant décor, approprié,
les dernières créations de la Mode et du Costume, renouvelées
au jour le jour pendant la durée de l'exposition et présentées en
originaux avant même leur apparition.

Le second hall, allant de la rue du 29-Juillet à la rue Castiglione
est entièrement consacré à l'Art décoratif et à l'installation des
intérieurs. Meubles, bronzes, tapis, tapisseries, tentures et étoffes
d'ameublement, orfèvrerie, cristallerie, céramique d'art, photographie, etc., sont exposés dans le cadre qui leur convient et avec

Salon des Arts Appliqués
Jardin des Tuileries — 1920.

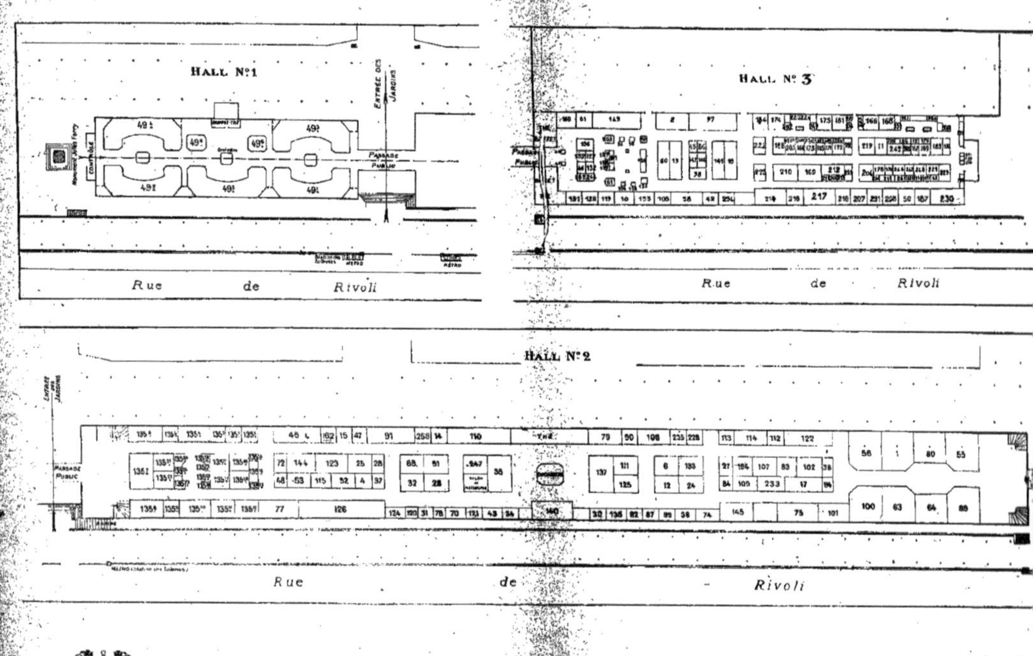

une ingéniosité digne d'admiration. Dans les stands de l'Ameublement, des ensembles modernes, productions artistiques que les industriels ont su réaliser avec un soin parfait sans attendre d'autres suggestions, montrent les progrès réalisés par nos fabricants, en vue de donner à notre époque le style qui semble devoir correspondre à ses besoins. Styles anciens et style moderne sont ainsi représentés et l'attention du visiteur se voit renouvelée à chaque pas en raison même des dispositions particulières qui font valoir les modèles exposés. Toute une partie du hall est occupée par des ensembles somptueux réalisés par des artistes hors ligne qui, dans des suites d'appartements entièrement installés, décorés et meublés, présentent les ameublements complets de tous styles qu'ils ont su réaliser en tenant compte de la vie moderne et des aspirations d'une clientèle élégante désireuse de trouver dans son home le confort qui convient à sa civilisation raffinée. Une autre partie de ce hall a été attribuée à la Chambre syndicale de la Curiosité et des Beaux-Arts pour la présentation, par les mieux qualifiés de ses membres, des tapisseries, meubles, tableaux et objets d'art anciens, véritables reliques du passé, joyaux d'un prix inestimable qui font bien valoir la richesse et la beauté des anciens styles français et qui justifient la renommée artistique que, de temps immémorial, les artisans de notre pays ont su conquérir à si juste titre.

Le troisième hall, qui occupe l'emplacement situé entre la rue Castiglione et la terrasse du Jeu de Paume, a été entièrement réservé à la parure et au costume en général. Dans des stands richement installés et qui continuent dignement ceux du hall précédent, les productions artistiques de la couture, de la mode, du tailleur, de la lingerie, de la parure en général, les modèles nouveaux et constamment renouvelés des industries de gros et du vêtement, voisinent avec les créations de nos joailliers et de nos orfèvres. La classe de la fourrure, très brillante et organisée avec un soin parfait, attire tout particulièrement l'attention des connaisseurs.

Enfin, dans le jardin attenant à ce troisième hall, le *Comité de Patronage des habitations à bon marché et de la Prévoyance sociale du Département de la Seine* a bien voulu organiser un concours de maisons entièrement construites, installées et meublées, destinées au personnel des industriels parisiens des Arts appliqués. A côté des productions des artistes, des artisans et des industriels, se trouvent ainsi exposés des types de maisons à prix réduits qui peuvent convenir à leurs collaborateurs, à ceux qui les aident journellement à réaliser leurs conceptions. Véritable œuvre de solidarité qui complète dignement le programme d'une telle manifestation consacrée à l'art et à la richesse, et qui n'a pas oublié le home de ses producteurs même les plus modestes, en cherchant à leur assurer un *foyer* digne et agréable.

Ainsi se présente dans ses grandes lignes le *Salon des Arts appliqués*, dont la décoration générale et la porte d'entrée principale sont dus à MM. Lafon et Magès, architectes.

Ajoutons que, pendant toute sa durée, le Salon donnera des concerts journaliers et de grandes auditions musicales sous la direction du maître Fernand Ropiquet.

*
* *

Le *Salon des Arts appliqués*, improvisé en quelques mois, sera le grand événement de cette première année de paix. Après avoir souffert pendant près de cinq années de guerre et arrêté, pour ainsi dire, leur production faute de main-d'œuvre et souvent faute de matières premières, les industries d'art françaises se révèlent plus actives que jamais et prêtes à fournir au monde entier les œuvres de leur fabrication, conçues et réalisées avec le bon goût ancestral que, dans tous les pays, on a bien voulu leur reconnaître.

C'est, répétons-le, grâce à l'association des 5 grands groupements syndicaux et des 33 chambres syndicales de l'industrie parisienne réunis en société, que cette manifestation nationale a pu, en si peu de temps, être menée à une brillante réussite.

C'est aussi grâce au concours dévoué et désintéressé de tous les délégués des syndicats, des présidents des groupements et des classes, à la collaboration ininterrompue et aux conseils éclairés

11

des membres du Conseil d'administration qui, chacun dans leur industrie, ont apporté au Salon les éléments nécessaires, que le programme de l'Exposition a pu être réalisé. Tous ces efforts ont été coordonnés et dirigés par deux hommes dont le nom ne saurait être passé sous silence : M. Gabriel Félix, *administrateur-délégué*, à l'activité féconde, à l'infatigable dévouement et M. Ferdinand Perol, *président*, dont la haute autorité et le zèle d'apôtre ont assuré le succès.

En concourant ainsi, chacun dans leur sphère d'action à l'organisation de cette réconfortante manifestation des industries d'art parisiennes, ils ont réalisé une œuvre brillante dont ils peuvent concevoir une légitime fierté.

R. MAUPAS,
Secrétaire général.

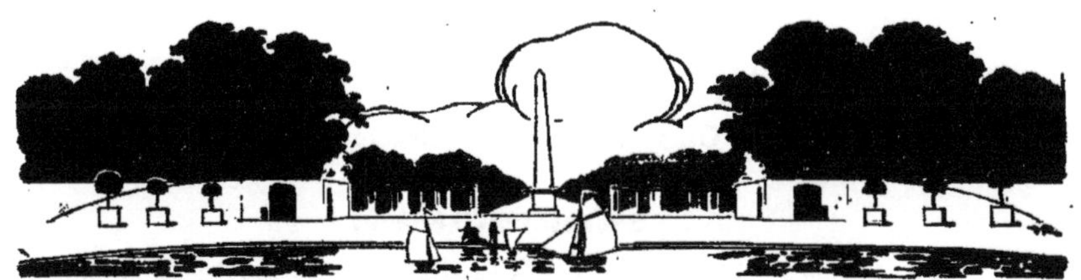

ORGANISATION DES SALONS

L'organisation matérielle, administrative et financière des Salons a été confiée
à une Société anonyme à capital et personnel variables dénommée :

Salons des Industries du Luxe
et des Arts Appliqués

Capital initial 33.000 francs. Siège social : 15, rue de la Cerisaie à Paris.
(Statuts reçus par Me PRUDHOMME, notaire à Paris), composée comme suit :

CONSEIL D'ADMINISTRATION
Président :

M. FERDINAND PEROL, O. ✳, président d'honneur de la chambre syndicale
de l'Ameublement, ancien administrateur-délégué des Salons du Mobilier.

Administrateur Délégué :

M. GABRIEL FÉLIX, I. ❀, président de l'Union des Syndicats du Luxe et des
Arts appliqués, membre de la Chambre de Commerce de Paris.

Membres :

Mme PAQUIN, ✳, présidente de la chambre syndicale de la Couture
Parisienne.

MM.

CORBY, ✳, président de la chambre syndicale des Fourreurs et Pelletiers
Français, membre de la Chambre de Commerce de Paris.

DANIEL, ✳, président de la Fédération des Industries de la Mode.

DEFORGE, président de la chambre syndicale de la Confection française pour
Dames et Fillettes.

FABRE, ❀, vice-président de la chambre syndicale des Fabricants de Bronzes.

L. HARANT, O. ✳, président d'honneur de la chambre syndicale de la
Céramique et de la Verrerie.

E. JONAS, président de la chambre syndicale de la Curiosité et des Beaux-Arts.

KEMPF, ✳, président de l'Association générale du Commerce et de l'Industrie
des Tissus et Matières Textiles, membre de la Chambre de Commerce de
Paris.

LHEUREUX, ❀, président de la chambre syndicale de la Chemiserie et de
la Lingerie en gros pour Hommes.

E. MERMILLIOD. O. ✳, président de la chambre syndicale de la Chapellerie
pour Modes.

Secrétaire-Général :

M. R. MAUPAS, I. ❀, ⚜, ✳, ancien Secrétaire-Général des Salons du Mobilier.

SERVICES DE L'EXPOSITION

Services Administratifs

Chargé des relations avec la Presse . . MM. Ed. DÉGLISE, ✳.
Chef de la Publicité . . . .   J. PRINTZ, ✿.
Chef du Secrétariat . . . .   X...
Caissier-comptable . . . .   L. LANGLOIS, ✿.
Chef des Gardiens . . . .   M. Louis BARRÉ.

Service d'Architecture

Architectes du Salon : MM. LAFON, ✳, MAGÈS, ✿.

Service Médical

Médecin de Service . . . . M. le Docteur Georges KAHN, ✿.
Médecin-adjoint . . . . M. le Docteur Pierre PEROL.
Pharmacien . . . . M. E. VERGELOT, I. ✿, o. ✿, o. ✳.

Direction Musicale

Directeur de la Musique : M. Fernand ROPIQUET, I. ✿,
chef d'orchestre, professeur de chant.

Assurances

M. Albert DEJEAN, I. ✿ — MM. GROS ✿ et PESRET ✿.

Conseil Judiciaire

MM. A. LEYMARIE, Avocat à la Cour d'appel.
LAVAUD, Avocat à la Cour d'appel.
BENECH, Avoué près le Tribunal civil.
TAUPIN, Agréé près le Tribunal de commerce.
E. LEYMARIE, Huissier.

Le Salon est placé sous le haut patronage officiel

du Ministère du Commerce, de l'Industrie et des P. T. T,

de M. le Président du Conseil des Ministres,

et de MM. le Ministre de l'Instruction publique et des Beaux-Arts,

le Ministre de l'Intérieur, le Ministre de l'Agriculture et du Ravitaillement,

le Ministre des Travaux publics et des Transports,

le Ministre du Travail et de la Prévoyance Sociale

le Directeur des Beaux-Arts,

le Président du Conseil Municipal de Paris,

le Président du Conseil Général de la Seine, le Préfet de la Seine,

le Président du Tribunal de Commerce de la Seine,

le Président de la Chambre de Commerce de Paris.

COMITE DE PATRONAGE

MM. les Sénateurs :

DAUSSET, O. ✳, Ch. DELONCLE, ✳. P. MAGNY, O. ✳, Préfet honoraire, MASCURAUD, O. ✳, président du comité républicain du C. I. A, G. RIVET, Questeur, Paul STRAUSS, président du comité de patronage des habitations à bon marché et de la Prévoyance sociale du département de la Seine.

MM. les Députés :

AUBRIOT, Maurice BARRÈS, BOKANOWSKI, CHASSAIGNE-GOYON, CHÉRON, DORMOY, DUVAL-ARNOULD. Jean FABRY, H. GALLI, ✳, HAUDOS, L. LAJARRIGE, LAUCHE, Ch. LEBOUCQ, LIOUVILLE, Paul BONCOUR, ancien Ministre, PILATE, Jules PREVET, O. ✳, L. PUECH, ancien Ministre, R. RHUL. Jules SIEGFRIED, O. ✳, ancien Ministre, E. SOULIER, Albert THOMAS, ancien Ministre.

MM. les Conseillers Municipaux :

ACHILLE, ✳., ALPY, AUCOC, O. ✳., D'ANDIGNÉ, ✳., A. BEAUD, BÉQUET, BELLAN, C. ✳., A. BÉRARD, J. DE CASTELLANE. CHAUSSE, CHÉRIOUX, O. ✳., V. DE CLERCQ, DAUSSET, O. ✳., A. DEVILLE, ✳., DHERBÉCOURT, FIANT, O. ✳., René FIQUET, ✠, P. FLEUROT, FROMENT MEURICE, GODIN, GRANGIER, G. GUILLAUMIN, HÉNAFFE, ✳., Marcel HÉRAUD, JOUSSELIN, LALLEMENT, LALOU, J. GARCHERY, LAMBERT, LATOUR, LAURENT, LE CORBEILLER, A. LEFÉBURE, LEMARCHAND, LE MENUET, LEVÉE, ✳., Emile MASSARD, O. ✳, J. MORIN, MISOFFE, Adrien OUDIN, ✳., POIRY, DE PUYMAIGRE, O. ✳., REBEILLARD, O. ✳., C. RENAULT, Ambroise RENDU, ✠, Léon RIOTOR, ✳, Louis SELLIER. J. E. TENEVEAU, Jean VARENNE.

MM.

Louis BONNIER, O. ✳, Inspecteur général des Services techniques d'architecture et d'esthétique à la Préfecture de la Seine.

Emile BOURGEOIS, O. ✳, Administrateur de la Manufacture nationale de Sèvres.

DUMONTHIER, O. ✳, Administrateur du Mobilier national.

Charles CHAUMET, ancien Ministre, ancien Député.

Ch. COUYBA, ancien Ministre, ancien Sénateur.

C. DESPLAS, ancien Ministre, ancien Député,

Gustave GEFFROY, O. ✳, Admin. de la Manufacture nationale des Gobelins.

Edmond HARAUCOURT, O. ✳, Directeur du Musée des Thermes et de l'Hôtel de Cluny.

MESUREUR, ancien Ministre, Directeur de l'Administration générale de l'Assistance publique.

Pierre DE NOLHAC, O. ✳, Conservateur du Musée national de Versailles.

SAINT-GERMAIN, I. ✳, ancien Sénateur, Président du Comité National des Expositions Coloniales.

Maurice SPRONCK, ancien Député.

H. TOURNADE, ancien Député.

MM.

J. BORDEREL, ✳, ancien Président du Groupe des Chambres Syndicales du Bâtiment, Membre de la Chambre de Commerce de Paris.

J. BOURDEL, ✳, Président de l'Alliance Syndicale du Commerce et de l'Industrie.

F. CARNOT, ✳, Président de l'Union centrale des Arts décoratifs.

Hugues CITROEN, ✳, ancien Président du Groupe Art et Luxe (Confédération générale de la production française).

Stéphane DERVILLÉ, C. ✳, Président du Conseil d'Administr. du P.-L.-M.

Emile DUPONT, O. ✳, ancien Sénateur, Président du Comité français des Expositions.

FORSANS, ✳, Président de l'Union des Intérêts économiques.

JOUANNY, ✳, Président du Comité central des Chambres Syndicales.

André LEBON, ✳, ancien Ministre, Président de la Fédération des industriels et commerçants français.

Georges MAUS, ✳, Président de la Fédération des Commerçants Détaillants.

Alexis MUZET, O. ✳, Président du Synd. général du Commerce et de l'Industrie.

A. DE PALOMÉRA, Président de la Confédération des Groupes commerciaux et industriels de France.

PINARD, C. ✳, Président d'honneur de l'Alliance Syndicale du Commerce et de l'Industrie.

Eugène SARTIAUX, O. ✳, ancien Président du Syndicat professionnel des Industries électriques, Président de l'Association des Ingénieurs Electriciens de France.

RÈGLEMENT GÉNÉRAL

ART. 1er. — Une Exposition réunissant les produits :

1º Des industries de la couture, du vêtement, de la mode, de la parure masculine et féminine et de leurs accessoires ;

2º Des industries du mobilier et des industries accessoires du mobilier ;

3º Et, en général, de toutes les industries du luxe et des arts appliqués : sera organisée à Paris, au Jardin des Tuileries, de mars à juillet 1920, par les Chambres Syndicales des industries correspondantes.

Elle prendra le titre de :

SALON DES ARTS APPLIQUÉS

Elle aura pour but de montrer aux étrangers et à nos nationaux les progrès réalisés par les artistes, les artisans, les manufacturiers, les industriels, les fabricants, les négociants et tous ceux qui y prendront part ; de maintenir dans le monde entier la haute renommée des industries françaises du luxe et des arts appliqués : d'aider au développement mondial des affaires et à la prospérité des industries participantes ; enfin, d'attirer à Paris de nombreux visiteurs et acheteurs dans toutes les branches de l'activité nationale.

La direction financière et administrative de cette Exposition est confiée à la Société anonyme à personnel et capital variables dénommée : « Salons des Industries du Luxe et des Arts appliqués. » Capital initial : 33.000 francs. Siège social : 15, Rue de la Cerisaie à Paris.

ART. 2. — Sont spécialement admis à l'Exposition, les travaux, les produits, les modèles, les collections. les échantillons, les matières premières et leurs diverses transformations, les outils et machines, les procédés et tours de main et, généralement, tout ce qui se rattache au mobilier, à ses accessoires, à la décoration des intérieurs, à l'aménagement et à l'installation de l'habitation, à la toilette masculine et féminine, à la parure en général, à la santé, à l'hygiène et à la beauté du home et de l'individu dans toutes ses manifestations et dans tous les âges.

Dans chacun des groupes de la classification générale, il pourra être créé deux subdivisions réservées :

a) Aux fabricants, producteurs et négociants en gros (ne s'adressant qu'à la clientèle des marchands) ;

b) A tous ceux qui s'adressent à toute la clientèle en général.

Les catégories *a)* et *b)* seront installées séparément ; les exposants qui désireraient être classés dans la subdivision *a)* devront le mentionner sur leur demande d'admission ; faute d'indication spéciale. les demandes seront appliquées à la subdivision *b)*.

Un hall sera spécialement affecté, autant que possible, aux exposants de la catégorie *a)*.

ART. 3. — Sont exclues : les matières détonnantes, fulminantes et généralement toute chose jugée dangereuse ou susceptible d'incommoder le public Les amorces, pièces d'artifice, allumettes et autres objets analogues ne pourront être exposés qu'à l'état d'imitation.

Les appareils d'éclairage et de chauffage ne pourront être mis en fonctionnement qu'autant que l'exposant se sera conformé aux prescriptions de police en ce qui concerne l'ignifugeage et l'installation de son stand et qu'il justifiera du visa de la Commission d'incendie et de l'autorisation de l'architecte conservateur

L'Administration se réserve le droit d'interdire — nonobstant toutes autorisations antérieures — l'emploi, la démonstration et le fonctionnement de ces appareils, si elle le juge utile, et ce, sans aucune indemnité.

Les appareils d'éclairage à l'acétylène pourront être exposés, mais, en aucun cas, leur fonctionnement ne sera autorisé, même pour la démonstration.

L'Administration pourra toujours faire retirer, sans indemnité, les objets qui, par leur nature ou leur aspect, lui paraîtraient nuisibles ou incompatibles avec le but ou les convenances de l'Exposition.

ART. 4. — Les demandes d'admission devront parvenir à l'Administration de l'Exposition avant le 31 décembre 1919.

Le Conseil d'Administration, sur la proposition de chacune des Chambres Syndicales organisatrices, ou de son représentant, constituera un Comité d'admission spécialement chargé d'examiner les demandes et qui conservera toute son autonomie pour l'admission ou le refus des produits de son industrie.

Pour les industriels ne ressortissant pas de l'une des Chambres Syndicales organisatrices, l'admission ou le refus sera prononcé par le Conseil d'Administration ou ses délégués.

ART. 5. — Les demandes d'admission spécifieront exactement la nature de l'industrie et le détail des objets qui seront exposés, ainsi que la manière dont ils seront présentés. En signant sa demande, l'exposant prend l'engagement de se conformer aux prescriptions des règlements et aux mesures adoptées ou que pourrait prendre l'Administration de l'Exposition.

Les concessionnaires divers prennent le même engagement en signant leur demande de concession, de même que tous ceux qui, à un titre quelconque, participent ou collaborent à l'Exposition.

ART. 6 — Un certificat d'admission, signé par le Président ou l'Administrateur délégué, ou par son représentant, dûment autorisé, sera remis à chaque exposant. La possession de ce certificat, pas plus que le paiement des droits d'exposition, ne retire à l'Administration la faculté de refuser les produits que le Comité d'admission ne jugerait pas dignes de figurer au Salon.

L'Administration se réserve le droit de faire enlever par ses agents tous objets de cette nature, que l'exposant aurait fait porter dans son stand. Dans le cas où l'exposant ne retirerait pas ces objets, après un simple avis de l'Administration, ils seraient placés, par les soins de cette dernière, dans un magasin de son choix, aux frais, risques et périls de l'exposant.

ART. 7. — Afin de réduire dans une certaine proportion les frais de construction des halls, d'installation générale, de décoration, de gardiennage, de publicité, de secrétariat, etc., etc., qui incombent à l'Administration, il sera perçu des droits d'exposition et d'entrée.

ART. 8. — Les droits d'exposition seront fixés ainsi qu'il suit, pour toute la durée de l'Exposition :

a) *Dans les halls.*

1° Grands stands sans façades, pour ensembles décoratifs, le public circulant dans le stand, avec plancher et cloisons de séparation comportant baies pour passage dans les stands voisins. (Le passage dans les stands voisins constitue une servitude obligatoire.) ;

PRIX FORFAITAIRE

Grandeur des stands ；　6ᵐ × 10ᵐ .... Fr. 10.000
　　　　　　　　　　　12ᵐ × 10ᵐ .... — 19.000
　　　　　　　　　　　18ᵐ × 10ᵐ .... — 28.000
　　　　　　　　　　　24ᵐ × 10ᵐ .... — 36.000

2º Stands formant boutique avec façade décorée, bandeau portant inscription de la raison sociale, plancher et cloisons de séparation.
Longueur de façade : 5 mètres ou 10 mètres.

-   Sur 4, 5 ou 6^m de profondeur. Le mètre superficiel.. Fr. 225
    Sur   3^m   —   —   —   250

Les retours ou façades supplémentaires en plus de la superficie et au même prix que le mètre linéaire.

3º Emplacements avec plancher seul, pour recevoir des vitrines adossées (une seule façade).
Retours de façade en supplément au même prix que le mètre linéaire.

    Sur 3^m de profondeur. Le mètre superficiel .... Fr. 200
    Sur 2^m   —   —   .... —   225
    Sur 1^m   —   —   .... —   250

La longueur de la façade ne peut être inférieure à la profondeur
Le prix de location des vitrines est en supplément.
Les vitrines de chaque classe sont d'un modèle uniforme et imposé.

4º Emplacements isolés, avec plancher seul, pour recevoir des vitrines quatre faces :

	PRIX FORFAITAIRE
1^m × 1^m.. Fr. 1.000
1^m × 1^m50... —   1.300
1^m50 × 1^m50.. —   1.600
2^m × 2^m.. —   2.500
2^m50 × 2^m... —   3.000
2^m50 × 2^m50....................................... —   3.600
2^m50 × 3^m... —   4.200
3^m × 3^m.. —   5.000

Tout accessoire qui augmenterait la superficie choisie, devra faire l'objet d'une convention spéciale avec l'Administration.
Le prix des vitrines est en supplément.
Les vitrines de chaque classe sont d'un modèle uniforme et imposé.

b) *En plein air.*

Les prix seront fixés de gré à gré.

Le Conseil d'Administration pourra exempter de tout ou partie des droits d'exposition : les gouvernements, ministères, administrations publiques, musées, écoles, sociétés charitables, scientifiques ou artistiques, et, généralement, les exposants dont les modèles ou produits présenteraient un intérêt artistique ou professionnel spécial.

Après la liquidation de l'Exposition et l'arrêté des comptes de 'année sociale, le Conseil d'Administration pourra fixer et répartir les ristournes à faire conformément à l'article 20 des statuts de la Société des Salons du Luxe et des Arts appliqués. Les exposants appelés à participer à ces ristournes devront faire partie depuis six mois au moins, lors de leur admission à exposer, de l'une des Chambres Syndicales figurant sur la liste établie par le Conseil d'Administration de ladite Société. Les Chambres Syndicales et Groupements fédératifs de Chambres Syndicales figurant sur ladite liste, pourront être appelés à recevoir également des ristournes, dans la mesure qui sera fixée par le Conseil d'Administration ; ces ristournes seront proportionnelles au montant des locations d'emplacements effectués par les exposants faisant partie des dites Chambres Syndicales et Groupements fédératifs, depuis au moins six mois, lors de leur admission à exposer.

Art. 9. — Le tarif des droits d'entrée au Salon est fixé ainsi qu'il suit :

5 francs le vendredi ;

2 francs les autres jours.

Ce tarif pourra être modifié par le Conseil d'Administration.

Le Conseil d'Administration se réserve le droit de donner des fêtes, pour lesquelles le prix d'entrée sera fixé ultérieurement.

Art. 10. — Les droits dûs par les exposants admis, sont payables en espèces sur reçu signé du Président ou de l'Administrateur délégué, en deux fois, savoir :

La moitié à la remise du certificat d'admission ;

L'autre moitié huit jours avant l'ouverture du Salon

Pour les engagements n'excédant pas 500 francs, de même que pour tout engagement souscrit après la date fixée par l'article 4, les droits seront payables comptant en espèces, en totalité, à la remise du certificat d'admission.

Les droits seront dus par l'exposant admis, alors même que, pour une cause quelconque, il n'occuperait pas son emplacement, ou s'il en était exclu par application du présent règlement ou par décision du Comité d'admission.

Art. 11. — L'exposant qui n'effectuera pas à l'échéance l'un des versements stipulés aux articles 8 et 10, sera déchu de la faculté d'exposer. L'Administration fera évacuer son emplacement s'il y a lieu, et en disposera à son gré, sans formalité judiciaire ou autre, et sans indemnité. Les versements effectués avant l'exclusion resteront acquis à l'Administration à titre d'indemnité.

Pourront également être déchus du droit d'exposer, sans recours contre l'Administration pour les sommes versées, les exposants qui, sauf le cas de force majeure, laissé à l'appréciation du Conseil d'Administration, n'auront pas pris possession de leur emplacement à la date qui leur sera indiquée.

Les exposants qui ne seront pas entièrement prêts pour l'inauguration officielle, seront susceptibles de perdre leurs droits à la ristourne prévue à l'article 8.

Art. 12. — Les exposants et concessionnaires devront se conformer aux prescriptions de l'Administration en ce qui concerne la répartition des emplacements.

Les dimensions et métrages indiqués au certificat d'admission, s'appliquent aux mesures extérieures des stands ou emplacements ; elles sont approximatives et ne peuvent donner lieu à modifications de prix en plus ou en moins, si, par suite des épaisseurs des cloisonnements et des dispositions générales de la décoration, elles se trouvent légèrement modifiées en plus ou en moins.

La communication entre les grands stands, pour assurer la circulation du public, constitue une servitude obligatoire pour les exposants de cette catégorie. L'emplacement des baies de communication entre stands voisins donnera lieu à un accord entre les exposants intéressés. En cas de désaccord, le Conseil d'Administration statuera en dernier ressort. Dans un même stand, les communications seront assurées partout par l'exposant qui devra se conformer aux prescriptions de la Commission d'incendie et de l'Administration.

Les servitudes imposées par la Commission d'incendie, telles que : portes de secours, postes d'eau, etc., etc., ne donnent lieu à aucune indemnité, si elles se trouvent, par suite de dispositions imprévues, dans un stand ou à proximité.

Les exposants et concessionnaires devront se conformer à toutes les prescriptions de police et à celles de la Commission d'incendie. Toutes les installations, bois et étoffes, devront être ignifugées ; cette opération devra être faite par les soins des exposants et à leurs frais, risques et périls, par un entrepreneur agréé par l'Administration.

Art. 13. — La décoration extérieure des stands sera obligatoirement uniforme et effectuée par les soins de l'Administration qui en percevra le montant en même temps que les droits d'exposition.

Les vitrines devront être d'un type extérieur uniforme et choisi par l'Administration qui en indiquera l'entrepreneur et les prix aux exposants, en leur laissant le soin de traiter directement avec le fournisseur choisi par elle.

Les installations intérieures des stands et vitrines seront laissées entièrement à l'initiative des exposants. Cependant, ces travaux devront être effectués par des entrepreneurs agréés par l'Administration de l'Exposition.

Les installations sur les emplacements de plein air seront faites par les soins des exposants et à leurs frais, mais ils devront en soumettre à l'avance, les dessins et plans à l'Administration qui se réserve le droit d'y faire apporter toutes modifications qu'elle jugerait utiles, tant sur plans qu'en cours d'exécution, dans l'intérêt de l'aspect général et de l'harmonie de l'Exposition.

Aucune affiche, aucune enseigne quelconque, aucune inscription ne pourra être placée dans l'Exposition sans l'autorisation de l'Administration qui fera enlever par ses agents toute publicité de ce genre qui aurait été installée à son insu ou sans son consentement.

ART. 14. — Aucun autre nom que celui de l'exposant ou concessionnaire, ne pourra être inscrit dans ou sur son installation, à moins d'autorisation spéciale et par écrit de l'Administration.

Aucun exposant ou concessionnaire ne pourra céder tout ou partie de son emplacement, ou permettre l'exposition d'autres objets que les siens, sans s'être au préalable muni d'une autorisation écrite de l'Administration.

L'Administration décidera toujours, en dernier ressort, de la délivrance ou du refus de ces autorisations.

ART. 15. — Les exposants ou concessionnaires, dont les installations nécessiteraient des travaux spéciaux tels que : terrassement, canalisations d'eau, de gaz, renforcements de planchers, de cloisons ou de plafonds, installations d'eau, de gaz, d'électricité, etc., etc., devront en faire la déclaration sur leur demande d'admission. S'il y a lieu, ces travaux seront soumis à l'agrément de l'architecte conservateur. Dans tous les cas, ils seront exécutés sous la direction et la surveillance de l'administration, par ses entrepreneurs, aux frais, risques et périls des exposants, y compris la remise en état. Il pourra être réclamé, à l'avance, le versement à titre de cautionnement, à la caisse du Salon, du montant du devis approximatif de ces travaux.

L'eau, l'électricité, le gaz, pourront être fournis aux exposants aux conditions des polices ordinaires, y compris les frais de branchement, d'installation et de remise en état.

L'Administration fera toutes démarches pour faciliter les travaux et réduire les frais incombant aux exposants, mais elle décline toute responsabilité à cet égard.

Seuls, les entrepreneurs de l'Administration pourront exécuter des travaux dans l'enceinte de l'Exposition.

L'éclairage à l'acétylène est formellement interdit.

ART. 16. — Une seule carte d'entrée gratuite sera délivrée à chaque exposant, quel que soit le nombre d'associés.

Une carte d'entrée gratuite sera également accordée à l'agent accrédité auprès de l'Administration par chaque exposant ; mais, un même agent, ne pourra disposer que d'une seule carte, quel que soit le nombre d'exposants qu'il représente. De même, chaque exposant ne pourra disposer que d'une seule carte de représentant.

Les cartes d'entrée gratuites d'exposant et de représentant ne seront délivrées que sur photographies, format carte de visite. Chaque carte est rigoureusement personnelle et doit porter la signature du titulaire.

Les cartes seront retirées s'il est constaté qu'elles ont été prêtées ou cédées à une autre personne que le titulaire et ce, sans préjudice des poursuites de droit.

ART. 17. — Les exposants et concessionnaires auront la faculté de faire garder leurs produits par un agent de leur choix agréé par l'Administration.

Art. 18. — Pourra être exclu sans indemnité, tout exposant ou concessionnaire, ou agent, qui interpellerait les visiteurs ou dont les expériences gêneraient le public ou les autres exposants, soit par le bruit ou autrement.

Art. 19. — L'emballage, le transport, la manutention et l'installation des produits exposés sont à la charge des exposants et à leurs risques et périls, tant à l'aller qu'au retour.

Tous les emballages doivent être enlevés de l'Exposition et ne peuvent y séjourner que pendant le temps de l'ouverture des caisses et colis. Seront mis dans un magasin, aux frais, risques et périls de l'exposant, tous emballages qu'il aurait laissé séjourner dans l'Exposition.

Art. 20. — L'assurance contre l'incendie et le vol est obligatoire pour tous les exposants ou concessionnaires. Elle sera faite sur police collective, par une Compagnie choisie par l'Administration et aux frais des intéressés.

L'assurance contre les dégâts causés par les eaux sera faite de la même manière mais sera facultative.

Art. 21. — L'Administration fera surveiller par son personnel, les produits exposés, mais elle ne sera en aucun cas responsable des dégâts, accidents, incendies, vols, détournements ou dommages quelconques qui pourraient survenir, quelle qu'en soit la cause ou l'importance.

Elle attire plus particulièrement l'attention des exposants sur les fuites d'eau provenant de la toiture ou des conduits d'eau des halls et les invite à prendre les précautions nécessaires contre cette éventualité, déclinant toute responsabilité à cet égard.

Art. 22. — S'il est dressé un catalogue général, il sera établi d'après les indications des demandes d'admission. La raison sociale des exposants et la mention sommaire des produits exposés y seront insérées gratuitement.

L'Administration décline toute responsabilité pour les erreurs ou omissions.

Art. 23. — La reproduction des objets exposés est interdite, à moins d'autorisation spéciale de l'exposant revêtue du visa de l'Administration qui, toutefois, ne garantit pas l'exécution de cette clause.

L'Administration se réserve formellement la faculté de concéder à un tiers le droit de prendre, de reproduire et de vendre des vues d'ensemble de l'Exposition, mais sans garantie d'exclusivité vis-à-vis de son concessionnaire.

Art. 24. — La publicité par voie d'affiches, prospectus, etc..., ne pourra être faite dans l'Exposition, sans autorisation préalable de l'Administration.

Toutefois, l'exposant est autorisé à faire de la publicité au moyen de cartes et circulaires, à l'emplacement qu'il occupe, à condition que les dites cartes et circulaires ne concernent que sa propre maison.

Les exposants auront le droit de prendre des commandes, mais la vente à emporter est absolument interdite.

Art. 25 — Les exposants devront tenir leurs emplacements, stands et vitrines suffisamment garnis. Leurs installations resteront ouvertes aux heures d'entrée du public, sous peine d'exclusion, sans indemnité.

Les heures d'ouverture et de fermeture de l'Exposition, pour l'entrée du public, seront fixées par l'Administration. Les exposants devront s'y conformer.

Le nettoyage journalier des emplacements, stands et vitrines, devra être fait le matin avant l'heure d'ouverture au public, par les soins et aux frais des exposants et concessionnaires. Une carte de service sera remise à cet effet à chaque exposant ; cette carte donnera l'accès gratuit de l'Exposition, le matin avant l'ouverture, à l'employé chargé du nettoyage et de l'entretien.

Art. 26. — L'enlèvement des objets exposés ne pourra s'effectuer que sur un bon signé de l'exposant revêtu du visa de sortie de l'Administration. Les objets enlevés devront être remplacés par d'autres de même nature. S'ils sont remplacés par des objets nouveaux, ceux-ci devront être préalablement soumis à l'agrément du Comité d'admission.

Les objets volumineux ne pourront être enlevés qu'aux heures fixées par l'Administration en dehors de celles pendant lesquelles le public est admis dans l'enceinte de l'Exposition. Le remplacement des objets enlevés se fera aux mêmes heures.

Aucune voiture n'aura accès dans les locaux de l'Exposition. Des portes latérales seront ménagées dans les halls pour permettre l'entrée ou la sortie des objets volumineux aux heures fixées par l'Administration.

Art. 27. — Il ne sera pas délivré de récompenses.

Art. 28. — Les règlements relatifs au maintien de l'ordre, à la surveillance et à la bonne marche de l'Exposition seront toujours affichés dans le vestibule de l'Administration, de même que toutes les décisions relatives au service en général. A partir du moment de leur affichage, les intéressés devront s'y conformer.

Art. 29. — Aussitôt après la clôture de l'Exposition, les exposants procéderont à l'emballage et à l'enlèvement de leurs produits et installations particulières. Cette opération devra être terminée au plus tard deux jours après la fermeture. Passé ce délai, l'Administration les fera emporter d'office et consigner dans un magasin de son choix, aux frais, risques et périls de l'exposant. Un mois après, les objets qui n'auraient pas été retirés de ce magasin, seront vendus publiquement et sans que l'Administration soit tenue, vis-à-vis de l'exposant, à aucune formalité judiciaire ou autre. Le produit net de la vente sera appliqué à une œuvre d'intérêt général désignée par le Conseil d'Administration.

Art. 30. — La prolongation de l'Exposition ou l'ajournement de son ouverture, pas plus que sa fermeture anticipée pour une cause de force majeure, ne donnera lieu à aucune indemnité, soit de la part des exposants ou concessionnaires, soit de la part de l'Administration.

CLASSIFICATION GÉNÉRALE
DES INDUSTRIES ADMISES A EXPOSER.

Groupe I. — Œuvres de Solidarité et Enseignement Professionnel.

Apprentissage. Ecoles professionnelles. Cours d'apprentis.
Mobilier scolaire. Matériel d'enseignement.
Bibliographie. Publications professionnelles. Journaux spéciaux. Revues d'art.
Chambres syndicales. Institutions de prévoyance. Retraites.
Logement du personnel ouvrier et employé. Maisons individuelles et collectives. Cités-Jardins.
Assurances diverses. Secours mutuels.
Protection contre les accidents du travail.
Organisation du travail. Placement.
Art rétrospectif : Histoire du mobilier. Histoire du costume et de la parure.

Groupe II. — Matières nécessaires aux Industries de Luxe et Produits fabriqués.

Bois. Cuirs. Peaux. Pelleteries. Colles et Vernis.
Matières textiles. Fils de lin, chanvre, jute, ramie, coton, laine, soie, etc.
Tissus divers de lin, coton, laine, soie, etc. Plumes et duvets, rubans, tulles, dentelles, guipures, broderies, filets, passementerie.
Produits chimiques. Teintures, impressions, blanchiment, apprêt.
Métaux précieux. Pierres précieuses.
Sable, grès, kaolin, etc.

Groupe III. — Décoration fixe de l'Habitation.

Menuiserie décorative. Sculpture et ornements.
Ferronnerie d'art.
Papiers peints, peintures, vitraux, céramique, cristallerie, verrerie, faïence, émaux céramiques, laves émaillées.

Marbrerie, mosaïque, pierres agglomérées, staff, miroiterie.
Chauffage, éclairage, gaz, électricité, téléphonie, sonneries.
Installations hygiéniques pour cuisines, salles de bains, w.-c.

Groupe IV. — Décoration mobile
de l'Habitation.

Ebénisterie et menuiserie en meubles et sièges. Sculpture.
Meubles en bois, meubles en fer, meubles ornés de bronzes.
Lits en fer et cuivre. Literie.
Marqueterie. Tournage. Serrurerie et quincaillerie d'ameublement. Dorure. Laque et toute profession participant à la fabrication du meuble.
Etoffes, soieries, velours, tapisseries, tapis, passementeries, dentelles et broderies, et toute profession participant à la décoration.
Art du décorateur.
Bronzes d'art, bronzes d'ameublement, bronzes d'éclairage.
Bronze imitation. Métaux repoussés.
Marbres statuaires.
Biscuits, porcelaines, terres cuites, faïences fines, grès cérames, grès flammés.
Objets d'art et de vitrine. Etains. Ivoires. Ecaille. Emaux.
Miniatures. Peintures. Sculptures. Gravures.
Photographie : Art du photographe, appareils photographiques, mobilier, produits et accessoires pour photographie.
Cinématographie : Appareils et produits divers. Films, éditions, accessoires, mise en scène. Installations de cinématographes.
Instruments de musique : Pianos, orgues, harmoniums, instruments divers, instruments mécaniques. Phonographes et disques. Meubles spéciaux.
Orfèvrerie d'argent, orfèvrerie plaquée, orfèvrerie d'église. Coutellerie.
Horlogerie.
Billards. Coffres-forts.

Groupe V. — Accessoires du Mobilier.

Cabinet de travail : Articles de bureau, papeterie, maroquinerie, librairie, reliure, verres et cristaux d'optique, machines à écrire, meubles de bureau, classeurs, installations pour banques, administrations, officiers ministériels, entreprises, etc., coffres-forts.

Salle à manger : Cristaux, verrerie, services de table, porcelaine et faïence, orfèvrerie, coutellerie, accessoires et matériel pour la décoration de la table.

Salle de jeux : Billards et accessoires, tables de jeux, bimbelotterie, jeux divers, marques et jetons, cartes à jouer.

Lingerie : Meubles à linge et à vêtements, garde-robes, machines à coudre, matériel de repassage, etc.

Fumoir : Meubles et articles de fumeur, machines à cigarettes, tabacs, cigares, cigarettes, papiers à cigarette, allumettes, briquets.

Chasse, Pêche, Sports : Armes et articles de chasse, articles de pêche, accessoires et articles de sport.

Voyage : Articles de voyage et de campement.

Cabinet de toilette et Salle de bains : Garnitures de toilette, porcelaines, faïence, cristaux, verrerie, éponges, tabletterie, brosserie, orfèvrerie de toilette, glaces, miroirs, nécessaires divers, ongliers, ivoire, écaille, coutellerie de toilette, Lavabos, baignoires, chauffe-bains, hydrothérapie et accessoires divers. Marbrerie, Hygiène, produits chimiques et pharmaceutiques, parfumerie et produits de beauté. Massage, gymnastique de chambre. Instruments de chirurgie, orthopédie, électricité médicale, spécialités pharmaceutiques. Prothèse dentaire, appareils divers de prothèse et généralement tout ce qui concerne l'hygiène et la santé.

W.-C. : Appareils sanitaires, réservoirs de chasse, tout-à-l'égoût, etc.

Cuisine, Office, Cave : Meubles d'office et de cuisine, glacières, frigorifiques, fourneaux et appareils de chauffage (tous combustibles), fourneaux mixtes, fourneaux chauffant l'appartement, combustibles divers. Verrerie commune, bouteilles, Batterie de cuisine et ustensiles divers. Filtres pour l'eau potable. Installations de cuisine en général (évier, eau, garde-manger, fourneau. cuisinière, etc.) Installations de cave et ustensiles divers pour la cave. Petit éclairage, appareils divers (essence, pétrole, etc.). Systèmes de chauffage installés soit à la cuisine, soit à la cave, pour chauffer l'appartement ou la maison.

Ecurie et Remise : Carrosserie, sellerie, bourrellerie, Installations de sellerie, d'écuries, etc.

Service commercial et livraison : Bicyclettes, tri-porteurs, motocyclettes, side-cars, camionnettes, camions automobiles et pièces détachées.

Groupe VI. — Vêtement.

Tailleur pour hommes.
Tailleur pour dames, tailleur-couturier.
Fournitures pour tailleur.
Couture.
Confection pour hommes et enfants.
Confection pour dames et fillettes.
Fournitures pour la couture.
Fourrures et pelleteries au point de vue de la confection.
Haute mode.
Mode confectionnée.
Fournitures pour modes.
Fleurs et plumes.
Confection en plumes, boas, étoles.
Chapellerie feutre. chapellerie paille, casquettes et bérets.
Fournitures pour chapellerie.
Cordonnerie pour hommes, dames, enfants, sur mesure.
Cordonnerie pour hommes, dames, enfants, confectionnée.
Fournitures pour cordonnerie.
Vêtements de théâtre.
Vêtements de voyage et de sport.
Vétements imperméables.
Uniformes, costumes de chasse, culottes.
Livrées.

Et, généralement, toute profession participant à la confection du vêtement ou des fournitures nécessaires à ces professions : étoffes doublures, rubans, galons, passementeries, boutons, dentelles, broderies, etc., etc.

Groupe VII. — Sous-Vêtement.

Lingerie fine.
Lingerie courante.
Linge de corps pour hommes, dames et enfants.
Mouchoirs.
Linge de table, linge de maison.
Fournitures pour lingerie et confections.
Corsets : *a)* sur mesure ; *b)* Confectionnés.
Fournitures pour corsets.
Bonneterie, tricots.
Jarretières, bretelles, ceintures, dessous de bras.
Chemiserie, faux-cols, manchettes.
Fournitures pour la chemiserie.
Flanelles, vêtements hygiéniques.

Cravates, foulards.
Ganterie peau.
Ganterie tissus.
Et, généralement, toute profession travaillant à la fabrication
des sous-vêtements ou des fournitures nécessaires à cette
fabrication : étoffes, toiles, batistes, soieries, lainages,
flanelles, tissus élastiques, dentelles, broderies, rubans,
boutons, etc., etc.

Groupe VIII. — Parure et Accessoires du Vêtement.

Joaillerie.
Bijouterie fine (platine, or).
Bijouterie argent.
Bijouterie imitation, bijouterie acier.
Bijouterie de deuil.
Bijouterie de religion.
Orfèvrerie pour la parure (sacs, bourses, boîtes à poudre,
bonbonnières, etc.)
Coiffure, postiches, épingles à cheveux.
Ornements pour la tête, garnitures diverses.
Peignes écaille, peignes en corne, peignes en celluloïd et
matières diverses.
Parapluies, ombrelles.
Cannes, cravaches, fouets.
Maroquinerie, sacs à main, portefeuilles, porte-billets, porte-
monnaies, etc.
Eventails montés en plumes, dentelles, étoffes, peau.
Eventails en papier, bois, etc.
Dentelles, tulles, broderies, guipures, passementeries, etc.
Et, généralement, toute profession travaillant ou participant
à la fabrication des objets servant à la parure.

COMITÉ DE PATRONAGE

DES

HABITATIONS A BON MARCHÉ

et de la Prévoyance Sociale

Siège : **Hôtel-de-Ville - PARIS** (Annexe Napoléon, 4, Rue Lobau)

Président :

M. Paul STRAUSS, Sénateur de la Seine, Membre du Conseil supérieur des Habitations
à bon marché.

Vice-Président :

M. Ambroise RENDU, Conseiller municipal de Paris, Conseiller général de la Seine.

Trésorier :

M. Émile CACHEUX, Ingénieur civil, Membre du Conseil supérieur des Habitations
à bon marché.

Trésorier-Adjoint :

M. LESUEUR, Architecte, Président de la Fédération nationale des Sociétés coopératives
d'Habitations à bon marché.

Membres :

MM. BOURDEIX, Président honoraire de la Société nationale des Architectes.
DEVILLE, Conseiller municipal de Paris, Conseiller général de la Seine.
DORMOY, Député.
DUVAL-ARNOULD, Député.
GENY, Sous-Chef de Bureau à la Caisse des Dépôts et Consignations.
le Dr HELLET, ancien Maire de Clichy.
Charles LEVEN, Président de la Société d'Habitations à bon marché *Le Coin du Feu*.
LOISEAU, Architecte du Département de la Seine.
DE MONTALIVET, Secrétaire du Conseil des Directeurs de la Caisse d'Épargne
de Paris.

Henri SELLIER, Conseiller général de la Seine, Rapporteur général du Budget départemental.

Louis SELLIER, Conseiller municipal de Paris, Conseiller général de la Seine.

Jules VERGNE, Vice-Président de la Fédération des Sociétés de Secours mutuels de la Seine,

WILMOTH, Secrétaire général de la Fédération mutualiste de la Seine.

Secrétaire : M. Charles BAULEZ, Chef de Bureau à la Préfecture de la Seine.

Secrétaire-Adjoint : M. PAULIN, Expéditionnaire à la Préfecture de la Seine.

Délégué pour l'organisation du Concours et de l'Exposition : M. R. MAUPAS.

JARDIN DU SALON DES ARTS APPLIQUÉS

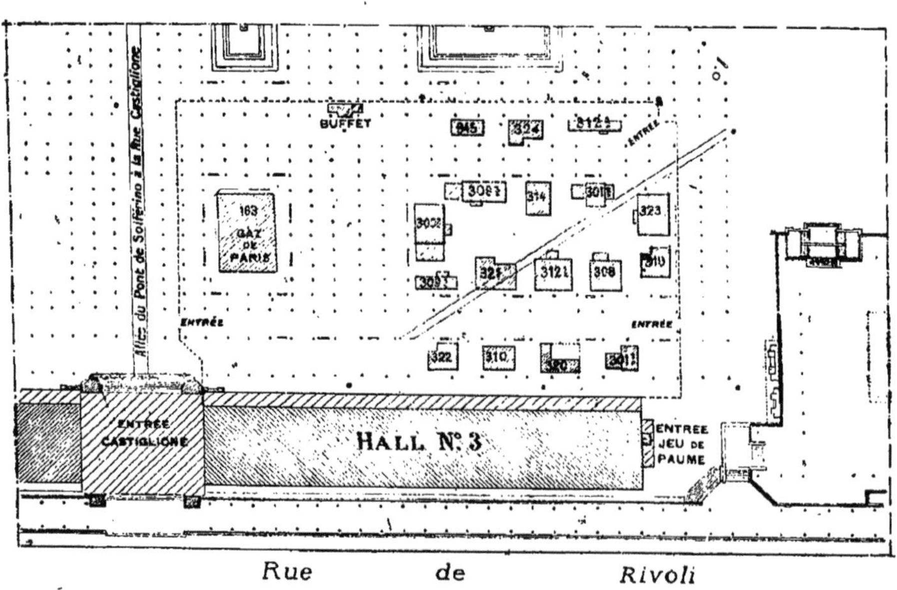

Rue de Rivoli

EXPOSITION ET CONCOURS
DES HABITATIONS A BON MARCHÉ

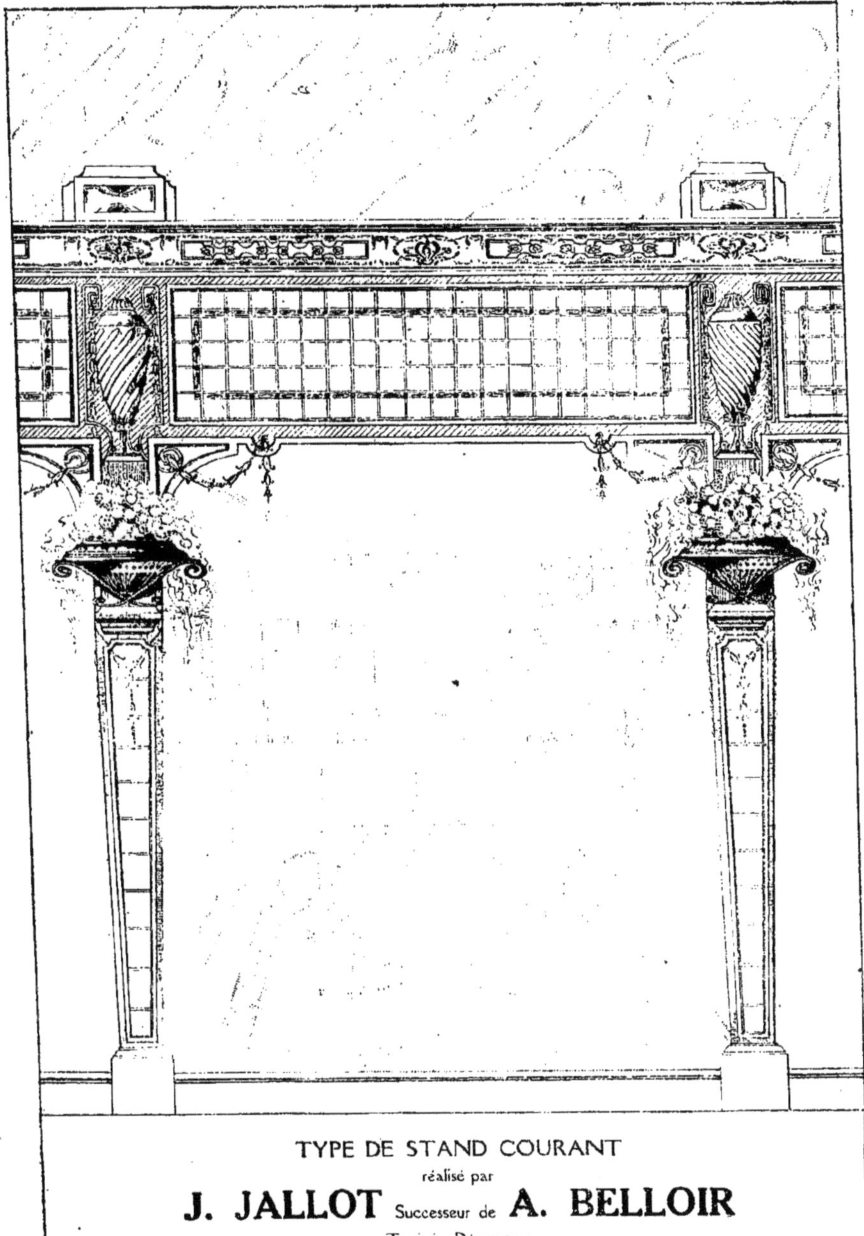
TYPE DE STAND COURANT
réalisé par
J. JALLOT Successeur de A. BELLOIR
Tapissier-Décorateur
82, Boulevard du Montparnasse, 82 - PARIS-XIV·

32

NOMENCLATURE GÉNÉRALE
DES
EXPOSANTS

....

Se reporter : { *aux plans des pages 8 et 9 pour l'emplacement des Halls et les Numéros des Exposants.*
à la page 31 pour le plan du Concours des Habitations à bon marché.

La Section photographique est réunie en un seul Salon, Hall 2, près de l'Orchestre.

Halls	Nos	EXPOSANTS
3	98	ADAM. Fourrures. 8, rue du Sentier.
3	253 / 2	ADINE. Fleurs et Fruits fantaisie. 74, rue du Faubourg-Saint-Denis.
3	**184**	**AINE et Cie. Confections pour Dames.** **26, rue du Sentier.** [TÉLÉPH.] Gutenberg 25.28. *Voir page 65.*
2	135 / 25	ALLAIN. Antiquaire. Curiosités de céramiques anciennes. 66, rue de La Boétie. [TÉLÉPH.] Elysées 40.57.
2	94	ALLAIN (E.). Bronzes et Porcelaines. 128, rue Vieille-du-Temple.
		ALLEZ FRÈRES (Etablissements). Articles de ménage, etc. 1, rue Saint-Martin. *Jardins, Maisons 308, 314.*
3	152 / 3	ARGENCE (Alfred). Chaussures de Luxe sur mesure. 69, rue du Faubourg-Saint-Honoré. [TÉLÉPH.] Elysées 29.36.
3	152 / 2	ARMAND (Vincent). Chaussures de Luxe sur mesure. 8, rue Pasquier.
3	253 / 1	ASSISTANCE PATERNELLE DES FLEURS ET PLUMES. (M. H. BEISSIER, Président). 10, rue de Lancry.
3	196	AVERSENG. Paillettes et Perles en tous genres. 77, rue de Richelieu. [TÉLÉPH.] Central 87.84.

Halls	Nos	EXPOSANTS

ARPENTINIER, 21-23, rue Jean-Daudin, Paris. *Téléph.* Saxe 30.53.
3, rue des Gondoles, Choisy-le-Roi. *Téléph.* 40.

Fournit en location tout ce qui est nécessaire à l'installation d'un Stand : vitrines, comptoirs, tentures, ameublements, bureaux américains ou autres. Prix modérés.

3 — 179/5 — BAILLY. Chapeaux paille et feutre pour dames. Fournitures.
21, rue de Choiseul.

3 — 231 — BAILLY et Cie. Bretelles Guyot.
1, avenue de la République. *Téléph.* Roquette 30.06.

3 — 208 — BALESTER (Jean). Bonneterie fantaisie.
16, rue du Sommerard.

3 — 225 — **BARON (Georges), Boutons en tous genres.**
4, rue de Cléry, Paris.
Usines : Andeville (Oise).
Nogent-le-Rotrou (Eure-et-Loir).
Les Lilas (Seine).

3 — 157 — BARREIROS (Berthe). Corsets.
4, rue des Capucines. *Téléph.* Central 95.99.

3 — 127 — BASSELIER (Mme C.). Couture.
11, rue des Pyramides. *Téléph.* Gutenberg 35.10.

3 — 245 — A. BAUDET et R. DONON. Talons et accessoires pour la chaussure.
17, Faubourg-du-Temple. *Téléph.* Nord 43.53.

3 — 165 — BAYLE et Cie. Lingerie fine.
34, rue de Seine.

2 — 135/26 — BEAUMONT. Antiquaire, Maroquinier d'art.
62, rue des Mathurins. *Téléph.* Gutenberg 14.45.

3 — 210 — BEAUMONT Frères. Chemises pour hommes et enfants, Pyjamas pour hommes et Dames.
118, rue Réaumur. *Téléph.* Gutenberg 42.71.

3 — 11 — BENOISTON et Cie (A.).
Fabrique de Chapeaux pour Dames, Breveté S.G.D.G.
Fabrique de Plumes, Fantaisies, Aigrettes.
Fournitures pour Mode et couture.
164, 166, rue du Temple.
Usine et ateliers, 18, rue Dupetit-Thouars.
Téléph. Archives 31.75 - 32.52 - 31.95.

Halls	Nos	EXPOSANTS
1	49 / 5	Belle Jardinière. Vêtements. 2, rue du Pont-Neuf. TELEPH. Gutenberg 06.83.
2	135 / 3	Ben Simon (E.). Objets d'Art, Ameublement. 20, rue Royale. TELEPH. Central 84.66.
2	133	**BERAUD et Cie. Etoffes, tulles, dentelles et broderies d'ameublement.** **122, rue Réaumur.** TELEPH. Gutenberg 13.92. *Voir page* 66.
3	232	Bérengère. Modes. *(Stand Louaisil).* 7, rue Royale. TELEPH. Elysées 24.80.
2	26	**BERNARD-LYON. Bronzes d'art, Statuaire marbre, Garnitures de cheminée, Ivoires, Animaux.** **55, rue des Archives.** TELEPH. Archives 31.57. *Voir page* 66.
3	217	**BERTHELOT (Vve E.). Manufacture de gilets, camisoles, en flanelle Caleçons, chemises, toutes fantaisies.** **Flanelles de santé « Unica ».** **Paris : 35, rue des Jeûneurs.** TELEPH. Gutenberg 57.01. **Vaucouleurs (Meuse).** TELEPH. 6. *Voir page* 68.
3	191	Bertin (Paul). Fantaisies pour Modes, Broderies, Sacs. 11 *bis*, cité Trévise. TELEPH. Louvre 14.04.
2	138	Berquin-Varangoz (Fourrier et Cie, successeurs). Objets en matières précieuses. Marbres, Lustres garnis en cristal de roche. 54, rue de Bondy. TELEPH. Nord 44.59.
3	253 / 10	Besançon. Feuillages artificiels. 144, rue Saint-Denis.
3	263	Berteil (A.). Chapelier. 10, rue du 4-Septembre. TELEPH. Gutenberg 18.36.
2 / 2	6 / 7	**BLANC (Charles). Bronzes d'éclairage.** **42, boulevard Richard-Lenoir.** TELEPH. Roquette 44.26. *Voir page* 67.
1 / 2 / 3		Blot-Garnier et Chevallier. Contrôleurs de ronde. 9, rue Beudant. TELEPH. Wagram 79.99. *(Jardins)*
3	177	**BOILEAU (Théodore). Bonneterie.** **67, rue de Rivoli.** TELEPH. Gutenberg 30.05. *Voir page* 68.
2	135 / 13	Boivin (V.). Argenterie, Boîtes or, Miniatures anciennes. 24, rue des 4-Fils. TELEPH. Archives 24.27.
3	279	Boivin, (Mme R.). Joaillerie. 27, rue des Pyramides.

Halls	Nos	EXPOSANTS
2	31	**BONA-FIZEL. Encriers de Luxe** **Apprêts pour le Meuble.** **Bandes molletées, Chapiteaux, Embases, Sabots.** **13, passage Saint-Sébastien.** [TÉLÉPH.] Roquette 19.68. *Voir page* 69.
3	261	BONBON (Louis). Bonneterie. 2, rue Begaud à Troyes.
1	49 / 2	**BON MARCHÉ, Nouveautés.** **Rue de Sèvres et rue du Bac, 135-137.** *Voir page* 81.
3	118	P. BONNET et R POTTIER. Articles de bureau, Garnitures de cheminées. Colonnes de Salon et bronzes d'art (animaux). 83, boulevard Richard-Lenoir. [TÉLÉPH.] Roquette 14.41.
3	230	BONTANT. Bonneterie. 2, avenue Solférino, Asnières.
3	181	Bos (Georges). Tricots et Tissus élastiques pour corsets, Bretelles. 234, rue du Faubourg-Saint-Martin. [TÉLÉPH.] Nord 81.84.
3	179 / 2	J. BOUCHINET. Chapeaux pour Dames et Fournitures pour Modes. 17, rue Saint-Augustin, [TÉLÉPH.] Gutenberg 38.96.
2	126 / 2	**BOUIX (Lucien). Manufacture de Tissus et Tapis d'ameublement.** *Usines* : **61, rue de la Fédération, Paris.** » **Saint-Sorlin-le-Martel (Isère).** » **Rue Mélane à Malines.** *Maison de vente* : **7 et 9, rue du Mail, Paris.** [TÉLÉPH.] Gutenberg 26.62 et 26.13. *Voir page* 71.
2	37	**Ch. BOULANGER et Cie. Bronzes d'éclairage, bronzes d'art.** **3, rue du Parc-Royal et 54, rue de Sévigné.** *Voir page* 70.
3	219 / 1	BOURDELOT (Mlle), successeur de LEMONNIER. Plumes fantaisies. 16, rue de Gramont. [TÉLÉPH.] Gutenberg 77.53
3	219 / 2	BOURNIQUE (F.). Boas autruche et marabout, amazones, éventails. 48, rue des Marais. [TÉLÉPH.] Nord 21.61.
2	114	**BOYER (René). Ameublement, Décoration.** **9 et 21, avenue de l'Opéra.** [TÉLÉPH.] Central 66.33.
2	56	**Grands ensembles décoratifs.** *Voir page* 72.
2	126 / 8	BOYER et Cie. Tapisseries. 71, rue de Richelieu. [TÉLÉPH.] Gutenberg 19.21.

Halls	Nos	EXPOSANTS
	126 / 8	BOYER. Manufacture d'Aubusson. 47, rue Vivienne.
2	137	BRAQUENIE et Cie. Tapisseries, Tapis, Etoffes d'ameublement. 16, rue Vivienne. [TELEPH.] Gutenberg 19.18. *Voir page 73.*
3	96	BREGUET. Horlogerie de précision. 2, rue Edouard-VII. [TELEPH.] Louvre 03.95. *Voir page 75.*
3	221	BRET et MEUNIER. Manufacture de Bretelles. 18, rue Turbigo. [TELEPH.] Central 87.81 *Voir page 74.*
2	85	BRICARD (G. et R.). Serrurerie d'ameublement. 39, rué de Richelieu. [TELEPH.] Central 33.94. *Voir page 70.*
3	226	BRILLOT (Mme). Fabrique de formes pour Modes. 4, rue Chapon. [TELEPH.] Archives 00.40. *Voir page 70.*
3	253 / 11	BRUNA. Fleurs artificielles. 41, rue de la Lune.
2	135 / 20	BRUNNER, Antiquaire. Tableaux de Maîtres anciens. 11, rue Royale. [TELEPH.] Elysées 39.78. *Voir page 77.*
2	126 / 4	BURGER et Cie (Ch.). Tissus d'Ameublement. 39, rue des Petits-Champs. [TELEPH.] Central 36.72.
3	281	BUTTET (Marie-Louise). Lingerie Fine. *Voir page 70.* 62, rue Tiquetonne.
2	135 / 2	CANTI (Mme Andrée). Objets d'art, Curiosités. AU VIEUX FAUBOURG. 108, rue du Faubourg-Saint-Honoré. [TELEPH.] Elysées 07-82. *Voir page 74.*
2	111	CARDEILHAC. Orfèvrerie. 24, place Vendôme. [Teleph.] Gutenberg 15.31. *Voir page 79.*
2	135 / 12	CARLHIAN. Décorateur. 6 *bis*, avenue Kléber. [TELEPH.] Passy 12.86 et 33.03.
1	49 / 2	CASLOT, DRU, PILLON et Cie. AU BON MARCHÉ (Mon A. Boucicaut) Nouveautés. 135, 137, rue du Bac, Paris. *Voir page 81.*
2	25	CAVAROC et Cie (Vve Félix). Société Française de Sculpture d'art. Marbres, Objets d'art, Tableaux. 10, rue de la Paix. [Teleph.] Central 81.40. *Voir page 76.*
3	253 / 23	CELLE (O.). Fleurs artificielles. 5, rue Chabanais.

Halls	Nos	EXPOSANTS
3	202	**C**ERF **B**LOCH **Frères et Fils.** Blouses, Robes, Peignoirs et Fantaisies pour Dames. 43, rue du Sentier. [TÉLÉPH.] Central 36.02.
2	108	**CERF (L. et M.). Le Mobilier. Ameublement.** **68, rue du Faubourg-Saint-Antoine.** [Téléph.] Roquette 23.10. *Voir page* 125.
2	102	**C**HABOCHE. La Salamandre. Appareils de chauffage, 33, rue Rodier. [TÉLÉPH.] Gutenberg 16.76.
2	53	**C**HAMBRY (Louis). Ameublement, Salles à manger, Chambres à coucher modernes. 54, rue du Faubourg Saint Antoine.
2	14	**C**HANÉE (Albert). Tissus d'Ameublement. 24, rue Vivienne. [Téléph] Gutenberg 69.10.
2	126 / 9	**C**HANÉE (Henri) et Cie. Tissus d'ameublement et tapis. 25, rue de Cléry. [TÉLÉPH.] Gutenberg 46.08.
3	234	**CHANEL (C.) et Cie, DAMOUR et Cie, successeurs.** **217, rue Saint-Honoré.** [TÉLÉPH.] Central 42.78. *Voir page* 82.
3	178	**CHANTALOU (Maurice). Bretelles, ceintures, tissus élastiques, etc.** **94, rue Saint-Denis.** [TÉLÉPH.] Louvre 19.07. *Voir page* 80.
3	62	**CHAPUIS et Cie. Vêtements de laine tricotée et en jersey de soie.** **18-20, rue du Faubourg-du-Temple.** *Voir page* 78.
2	36	**CHARLES (E.). Fabricant de bronzes d'art et d'ameublement.** **103, rue de Turenne.** [Téléph] Archives 01.46. *Voir page* 83.
2	258	**C**HARRIÈRE (Mlle L.). Dentelles et Meubles. 34, rue de Miromesnil.
3	168	**CHERECHEWSKY (Léopold). Confection et Lingerie pour Dames.** **5, rue Saint-Joseph.** [TÉLÉPH.] Central 81.66. *Voir page* 78.
2	257	**C**HÉRI-**R**OUSSEAU, Photographe. 12, rue Boissy-d'Anglas. [TÉLÉPH.] Élysées 02.03. *(Salon de Photographie).*
3	132	**CHRISTIANE. Modèles.** **Robes, Robes de jeunes filles.** **Blouses** **Tea Gowns.** **33, rue Saint-Augustin.** [TÉLÉPH.] Louvre 12.12. *Voir page* 78.

Halls	Nos	EXPOSANTS
2	24	**CHRISTOFLE et Cie. Orfèvres, Bronziers.** **Décoration architecturale et d'ameublement.** **56, rue de Bondy.** [TÉLÉPH.] Nord 26.18. *Voir page* 84.
3	189	**CIRE D'ART (la). Bustes et sujets en cire pour coiffeurs, corsetières** **et magasins de nouveautés.** **20, rue Notre-Dame-de-Nazareth.** [TÉLÉPH.] Archives 37.38. *Voir page* 124.
2	274	**CLAESSENS (F.). Bronzes d'art.** **6, rue Godefroy-Cavaignac.** *Voir page* 80.
2	64	**COLIN et COURCIER (L. P. A.) (Maison Krieger). Ameublement.** **74, rue du Faubourg-Saint-Antoine.** [TÉLÉPH.] Roquette 07.16. **Grands Ensembles décoratifs.** *Voir page* 85.
3	58	**COLLE (André). Fourrures.** **Paris : 120, rue Réaumur.** [TÉLÉPH.] Central 14.41. **Lille : 9, rue du Curé-Saint-Etienne.** *Voir page* 86.
3	277	COLLECTIVITÉ DE LA CHAUSSURE. MAUREY, 25, rue Olivier-Métra. PROUST, 25, rue Pajol. FENESTRIER, Romans (Drôme). CORDIER, Fougères (Ille-et-Vilaine). DRESSOIR, PÉMARTIN, PULM, 10 à 18, rue du Général Lasalle.
2	144	COMPTOIR DES TISSUS pour Ameublement. 47, boulevard Richard-Lenoir, Paris. [TÉLÉPH.] Roquette 07.25 et 89.79.
2	1	**AU CONFORTABLE. Ameublement.** **4, 6, 8, rue de Rome.** [TÉLÉPH.] Gutenberg 13.68. *Ateliers :* 2, rue de la Roquette. [TÉLÉPH.] Roquette 00.09. Grands Ensembles décoratifs. *Voir page* 96.
2	30	CONTENOT et LELIÈVRE. Bronzes d'Art, Statuettes. 12, rue Oberkampf. [TÉLÉPH.] Roquette 34.91.
2	123	**COQUANTIN (G. R.). Décoration et Ameublement.** *Magasins* \ **31, rue de Vaugirard.** [TÉLÉPH.] Saxe 04.30 *d'exposition* / **2 et 4, rue Jean-Bart.** [TÉLÉPH.] Fleurus 24.58. *Ateliers :* **11, rue Jean-Bart.** *Voir page* 87.

Halls	Nos	EXPOSANTS
3	146	**CORBY (Th.), L. DRAPIER, neveu et successeur.** **Fourrures confectionnées.** **2, rue Milton et 46, rue Lamartine.** [TÉLÉPH.] Gutenberg 39.73. *Voir page* 96.
3	2	CORBY (Th.) et Cie. Fourrures, Manteaux, Pelleteries. 17, 19, 21, rue de l'Ancienne-Comédie. [Téléph.] Gobelins 22.06.
2	43	CORNILLE Frères. Soieries et Tissus d'Ameublement. 21, boulevard Montmartre. [TÉLÉPH.] Gutenberg 26.58.
3	173	**CORNU (Mme). Parfumerie.** **10, passage des Princes.** *Voir page* 88.
3	192	CORNUEL (Vve E.). Bonneterie de soie. 89, rue Réaumur.
2	162	COTTIN (R.). Bronzes et Lustrerie. 26, rue Amelot. [TÉLÉPH.] Roquette 31.17.
3	190	COURTIER Sœurs. Fantaisies pour Modes. Broderies, Sacs à main et perlés. 2, rue Grétry. [TÉLÉPH.] Gutenberg 01.36.
3	242	COURTOIS (A.). Bonneterie fantaisie tricotée. 14, rue Bertin-Poirée. [TÉLÉPH.] Central 62.24.
2	90	**CRISTALLERIES de PANTIN. Société industrielle de Verrerie.** **86, rue de Paris, Pantin.** [Téléph.] Nord 15.48. **50, rue de Paradis, Paris.** [Téléph.] Gutenberg 55.89. *Voir page* 149.
2	135	**CURIOSITE et des BEAUX-ARTS (Chambre syndicale de la).** **18, rue de la Ville-l'Evêque.** [TÉLÉPH.] Elysées 52.77. **Ensemble décoratif.** *Voir encartage.*
3	234	**DAMOUR et Cie, successeurs de C. CHANEL et Cie. Fourrures.** **217, rue Saint-Honoré.** [TÉLÉPH.] Central 42.78. *Voir page* 82.
3	179	DANIEL (J.-B.). Chapeaux pour dames et Fournitures pour Modes 73, rue Sainte-Anne. [TÉLÉPH.] Central 60.07.
2	72	DAUBRÉE. Bronzes d'Art et d'Ameublement. 132, rue Vieille-du-Temple. [Téléph.] Archives 19.38.
3	136	DAVID (Maurice). Dentelles et Broderies, Sacs de dames. 74, rue du Faubourg-Poissonnière. [Téléph.] Bergère 46.38.

Halls	Nos	EXPOSANTS
2	135 / 28	DECOUR. Décorateur antiquaire. 26 *bis*, rue François-Ier. [TÉLÉPH.] Passy 55.15.
3	215	DEFER (Georges). Corsets pour Femmes et Enfants. 23, rue du Mail. [TÉLÉPH.] Gutenberg 36.52.
3	188	**DEFORGE (E.) et Cie. Confections pour Dames.** **65, rue Montmartre.** [TÉLÉPH.] Gutenberg 07.23. *Voir page 89.*
		DELAHAYE (Société des Automobiles). Motopompe. 10, rue du Banquier. [TÉLÉPH.] Gobelins 43.01, 43.02, 43.03. *Jardins.*
3	179 / 4	DE LANAUZE et Cie. Chapeaux p^r Dames et Fournitures p^r Modes. 27, avenue de l'Opéra. [TÉLÉPH.] Louvre 20.66.
2	135 / 2	**DELANGROLLE (Mme). Objets d'art, Curiosités.** **9, rue Vignon.** *Voir page 74.*
3	253 / 12	DELANOUE. Fleurs artificielles. 20, rue de la Banque.
2	99	**DELAUNAY. Galvanos, Bronzes, Décors.** **Collections pour meubles, marbres.** **Bijouterie, Orfèvrerie.** **Reproduction sur modèles confiés.** 12, rue Saint-Gilles. [TÉLÉPH.] Archives 26.87. *Voir page 90*
2	113	**DELEPOULLE. Papiers de tenture, étoffes, etc.** **Tout ce qui concerne la décoration intérieure.** **25, rue Saint-Augustin.** [TÉLÉPH.] Central 44.32. *Voir page 91*
3	240	DELMOTTE (Ernest). Tissus et fournitures pour corsets. 73, rue de Richelieu. [TÉLÉPH.] Central 72.79.
3	149	DENTELLE, de la BRODERIE et de la PASSEMENTERIE (Chambre syndicales de la). Musée de la Dentelle, de la Broderie et de la Passementerie. 8, rue de Montesquieu. [TÉLÉPH.] Gutenberg 30.66.
3	253 / 3	DESPORTES. Fleurs artificielles. 9, rue du Faubourg-Poissonnière.
3	241	**DESPREAUX Jeune (Lucien). Tissus pour corsets et lingerie.** **21, rue Turbigo.** [TÉLÉPH.] Louvre 16.51. *Voir page 9*

Halls	Nos	EXPOSANTS
2	12	**De VEZ. Cristaux d'art gravés.** *Usine* : **Pantin, 10, rue de la Cristallerie.** [TÉLÉPH.] 271. *Dépôt* : **Paris, 33, rue de Paradis.** [TÉLÉPH.] Louvre 43.85. *Voir page* 93.
2	235	**DIRECTOIRE (au). Spécialité de Meubles Empire.** **Tout ce qui concerne l'Empire,** **Exclusivement ancien.** **46, rue du Bac.** *Voir page* 65.
2	135 18	DI SEGNI. Antiquaire. Adolfo, di Roma, Étoffes anciennes. 80, rue du Bac.
3	171	DISLEAU et Cie. Broderies. 171, boulevard Saint-Germain.
3	46	DIZIAIN (A.). Décoration, Broderies, Dentelles, Soieries. 40, rue de l'Echiquier. [TÉLÉPH.] Central 44.13.
2	83	**DOMANGE (R. et P.), Maison Muller. Meubles de Bureaux.** **Installations complètes de banques, administrations, cabinets** **d'ingénieurs, d'architectes, etc., etc.** **50, rue de Chateaudun.** [TÉLÉPH.] Gutenberg 24.84, Central 01.61. *Voir page* 94.
3	128	DORAT. Couture. 6, avenue Victor-Emmanuel-III, près rond-point des Champs-Elysées. [Téléph] Elysées 31.01.
2	32	**DOUILLET (Emile). Bronzes d'éclairage.** **46, boulevard de la Bastille.** [Téléph] Roquette 0.82. *Voir page* 95.
3	146	**DRAPIER (L.), neveu et successeur de Th. CORBY.** **Fourrures confectionnées.** **2 rue Milton et 46, rue Lamartine.** [Téléph] Gutenberg 39.73. *Voir page* 96.
3	149 2	DREYFUS (Edouard). Manufacturier. 12, rue du Port-Mahon
2	126 1	DUCHESNE (Vve) et A. BINET. Tapisserie-décoration. 27, rue des Jeûneurs. [TÉLÉPH.] Gutenberg 29.97.
3	175	DUDAN (Vve E.). Confections en gros pour Enfants et Fillettes. Spécialité de tabliers pour dames et enfants. 9, rue de Mulhouse. [TÉLÉPH.] Central 61.53.

Halls	Nos.	EXPOSANTS
3	65	DUVAL (Georges). Fourrures. 17, rue de la Pompe. [TÉLÉPH.] Auteuil 15.95.
3	236	DUVELLEROY. Eventails, sacs de Dames. 11, boulevard de la Madeleine. [TÉLÉPH.] Gutenberg 41.92.
2	45	EPEAUX. Meubles, Tapisseries. 81, avenue Ledru-Rollin. [TÉLÉPH.] Roquette 28.81.
2	69	**ETLING (Société Anonyme Ed.) (Galerie Béranger). Bronzes et objets d'art. Editeurs des cristaux d'art « Richard ».** **Lampes et plafonniers électriques. Articles de Bureau.** **158 *ter*, rue du Temple.** [TÉLÉPH.] Archives 31.47. *Voir page* 97.
3	176	EVRARD (G.). Ganterie en tissus. 20, rue Bachaumont. [TÉLÉPH.] Central 24.33.
2	34	**FABRE (G.). Bronzes d'ameublement.** **4, rue des Filles-du-Calvaire.** [TÉLÉPH.] Archives 20.29. *Voir page* 98.
3	179	FABRICANTS PARISIENS DE CHAPEAUX DE DAMES. Chapeaux paille et feutre pour Dames, Fournitures. 163, rue Saint-Honoré.
3	209	FARCY et OPPENHEIM (Société anonyme des Etablissements). Corsets sur bustes. 13, rue des Petits-Hôtels. [TÉLÉPH.] Nord 18.27.
3	149 / 7	FARDEL (Mme). Broderies. 32, rue de Richelieu.
3	211	FEIGE (Ch.). Chemises, Caleçons, Faux-cols. 38, rue des Jeûneurs. [TÉLÉPH.] Central 95.92.
2	126 / 5	FEIGENHEIMER. Tissus d'Ameublement. 21, rue du Faubourg Saint-Antoine. [TÉLÉPH.] Roquette 07.24.
		FÉLIX (Gabriel). Photographie d'art **6, boulevard des Italiens.** [TÉLÉPH.] Central 67.84. *(Salon de Photographie).*
2	17	**FOURNIER Frères. Ameublement.** **21, rue du Faubourg-Saint-Antoine.** [TÉLÉPH.] Roquette 22.29. *Voir page* 100.
	275	FOURNIER et MEYLAND. Architectes. 3, rue Thérèse. *(Jardins).*

Halls	Nos	EXPOSANTS
2	138	FOURRIER et Cie, successeurs de BERQUIN VARANGOZ. Objets en matières précieuses, Marbres. Lustres garnis en cristaux de roche. 54, rue de Bondy. [TÉLÉPH.] Nord 44 59.
3	141	**FOURRURES MAX, LEROY et SCHMID. Fourrures confectionnées.** **Place de la Bourse.** [TÉLÉPH.] Central 69-06. *Voir page* 114.
2	140	**FULLER (Georges) et EYMONAUD (Martial). Ameublements d'art.** **51, rue d'Amsterdam**. [TÉLÉPH.] Marcadet 24.72. *Voir page* 99.
3	170	GABILLA. (Les Parfumeries de). 6, rue Edouard-VII. [TÉLÉPH.] Gutenberg 28.15.
2	135 / 27	**GALERIE SAINT-AUGUSTIN. Antiquités, Tapisseries, Tableaux.** **93, boulevard Haussmann.** *Voir page* 150.
2	121	GAUTHIER, POINSIGNON et Cie. Ameublement. 10, rue d'Auxonne, Nancy.
3	159	GELDREICH (Hortense). Corsets de luxe. 8, rue La Boëtie. [TÉLÉPH.] Elysées 14.27.
3	253 / 4	GEOFFROY. Fleurs artificielles, décorations. 149, rue Montmartre.
3	179 / 3	GEORGES et Cie. Chapeaux p^r Dames et Fournitures p^r Modes. 28, rue Louis-le-Grand. [TÉLÉPH.] Gutenberg 64.40.
3	248	**GERARD (L.). Bretelles, ceintures cyclistes.** **188, rue d'Alésia.** [TÉLÉPH.] Saxe 12.77. *Voir page* 96.
3	13	GIOVANNELLI. Formes pour Modes, Sparteries, Tissus. 20, rue Rambuteau.
3	250	GIRY et ses Fils (Vve). Corsets. 191, rue Sainte-Catherine } 132, Cours Victor-Hugo } Bordeaux. 39, rue Réaumur, Paris. [TÉLÉPH.] Archives 17.00.
3	265	GODIN (J.) Porcelaines et cristaux. 40, rue de Paradis. [TÉLÉPH.] Central 84.59.
		GORGE (G.). Imprimerie Photographique, Catalogues illustrés. 19, rue Lafayette. [TÉLÉPH.] Trudaine 55.02. *(Salon de Photographie).*

Halls	Nos	EXPOSANTS
2	110	**GOUFFE JEUNE. Ameublement.**
		48, rue du Faubourg-Saint-Antoine. Téléph. Roquette 06.82.
2	63	**Grands Ensembles Décoratifs.** *Voir page* 101.
2	48	**A. GOUVERNEUR. Ameublements, Décoration, Installations.**
		68, rue Saint-Sabin. Téléph. Roquette 32.37. *Voir page* 100.
I	49 / 4	Grands Magasins aux Galeries Lafayette Nouveautés.
		40, boulevard Haussmann. Téléph. Gutenberg 45.11.
3	218	Gravereaux (R.). Cols et Manchettes, 17, rue des Jeûneurs.
		Chemises, Pyjamas, 26, rue Château-Landon.
		Téléph. Gutenberg 55.74.
3	105	Grison, Blanc et Cie. Fourrures.
		48, rue de l'Arbre-Sec. Téléph. Gutenberg 15-91.
2	135 / 8	Guérault. Antiquaire
		3, rue Roquépine. Téléph. Elysées 05.29.
2	91	**GUERIN (Georges). Ameublements.**
		10, 12, 14, rue du Faubourg-Saint-Antoine.
		Téléph. Roquette 16.87.
		Nous sollicitons instamment l'honneur d'une visite dans nos magasins où est exposé un choix considérable de mobiliers finis : salles à manger, chambres à coucher, salons, cabinets de travail, etc. *Voir page* 102.
3	81	**GUERQUIN et WEIS. Fabricants.**
		Dentelles. Broderies. Passementeries.
		24. rue du Sentier. Téléph. Central 92.14.
2	15	**GUINIER (Etablissements) Pierre LUX. Bronzes d'éclairage.**
		Maisons **à Bordeaux, Nice, Marseille, Lille, Metz, Strasbourg, Londres et au Maroc.**
		34, 36, 38, 40, rue de Trévise.
		Téléph. Gutenberg 49.06 et 49.22. *Voir page* 98.
2	135 / 9	Guiraud et Fils. Antiquaires.
		1, quai Voltaire.
2	135 / 23	Haas (Henri). Antiquaire.
		29, rue d'Astorg.
2	47	Hani J. Tapis et tapisseries d'Orient.
		93, rue de la Boëtie.

Halls	Nos	EXPOSANTS
2	**126**	**HAMOT Frères et Cie. Tissus d'ameublement.**
	7	**Tapis. Tapisserie d'Aubusson.**
2	**135**	**Tapisseries anciennes.**
	14	**75, rue de Richelieu.** Gutenberg 19.09.

Voir page 103.

Halls	Nos	EXPOSANTS
1 3	256	HARDEN (Etablissements). Grenades, Extincteurs d'incendie. 53, rue des Mathurins. Gutenberg 52.25
3	180	HARIEL (Paul). Costumes jersey pour enfants. 60, rue Ordener. Nord 07.92. Nord-Sud : Joffrin ; Métro : Marcadet.
2	145	HARTMANN. Ameublement, Décoration. 79, boulevard Haussmann. Louvre 23.01.
3	169	HAYEM (J.). Lingerie pour hommes et dames. 38, rue du Sentier. Gutenberg 26.99.
2	135 3	HELFT. Objets d'Art, Ameublement. 34, rue Lafayette.
3	183	HERRDEGEN (A.). Cannes, Sticks, Manches de parapluies. 13, boulevard Saint-Martin. Archives 29.34.
3	103	**HERSANT. Joaillerie.** **Brillants.** **Perles.** **Colliers de perles.** **348, rue Saint-Honoré.** Central 95.01. *Voir page* 104.
3	252	HERSENT et Cie (Léon). Pailles pour chapeaux. 9, rue d'Aboukir.
3	249	HIRSCH et Cie. Fabrique de blouses. 4, rue du Faubourg Poissonnière. Central 40.57
2	135 22	HODGKINS. Antiquaire. 3, rue de Berry. Elysées 48.46.
3	250	HOLLENDERSKI (Paul). Faux-cols et manchettes. 25, rue du Faubourg Poissonnière.
2	135 19	HOUR, LAVIGNE et Cie. Antiquaires. 1, rue Sainte-Anastase.
3	267	IKLÉ Frères. Broderies, 2, rue d'Uzès. Gutenberg 18.92.

Halls	Nos	EXPOSANTS
3	223	IMANS (Pierre). Mannequins et Cires artistiques. 10, rue Crussol.
2	57	JACOB, DELAFON et Cie. Cabinets de Toilette de Grand Luxe. 14, quai de la Rapée. [TÉLÉPH.] Louvre 14.54. Roquette 09.89, 19.49.
2	135 / 7	JANSEN. Antiquaire. 6, rue Royale. [TÉLÉPH.] Central 44.73.
3	154	JEAN (Auguste), émailleur. Orfèvrerie, Bijouterie, Objets d'art. 38, rue d'Hauteville.
2	28	JEHAN. Bronzes d'Eclairage et d'Ameublement. 5, rue Oberkampf. [TÉLÉPH.] Roquette 41.13.
3	253 / 13	JÉRÔME-NICOLLE. Fleurs artificielles. 35, rue Poissonnière
2	135 / 11	JONAS. Antiquaire. 3, place Vendôme. [TÉLÉPH.] Louvre 13.17.
3	253 / 5	JULIARD Sœurs. Fleurs artificielles. 24, rue Croix-des-Petits-Champs.
3	**60**	**JUNGMANN et Cie, Fourrures.** **106 à 110, rue Montmartre.** [TÉLÉPH.] Gutenberg 18.46 et 71.87. *Voir page* 105.
3	220	KEIM (André). Fantaisies pour Robes et Manteaux, Boutons. 7, rue Paul-Lelong. [TÉLÉPH.] Gutenberg 34.48.
3	251	KLOTZ (H. G.) et Cie. Parfumerie Ed. PINAUD. 18, place Vendôme. [TÉLÉPH.] Central 59 88.
2	**135** / 24	**KNUDSEN, ROMAND et Cie. Antiquités de la Chine.** **47, rue Laffitte.** [TÉLÉPH.] Trudaine. 57.08. *Voir page* 138
2	272	KŒRFER (Mme) Colliers et articles galalith et ivoire. 107, rue Lemercier
2	135 / 5	KRAEMER (Lucien). Antiquités. 2, rue Tronchet. [TÉLÉPH.] Centr. 68.29
2	120	KREMPFF (A.). Bronzes d'éclairage et Objets d'art. 72, rue Amelot. [TÉLÉPH.] Roquette 32-71.
2	**64**	**KRIEGER (Maison). L. P. A. COLIN et COURCIER, successeurs.** **74, rue du Faubourg-Saint-Antoine.** [TÉLÉPH.] Roquette 23.10. **Grands Ensembles décoratifs.** *Voir page* 85.
		INNOVATION. Société Ameublement. 104, avenue des Champs-Elysées.

Halls	Nos	EXPOSANTS
3	**189**	**LA CIRE D'ART. Bustes et Sujets en cire pour Coiffeurs, Corsetières et Magasins de nouveautés.** **20, rue Notre-Dame-de-Nazareth.** *Voir page* 124.
3	54	LAFFITTE (Gaston) et AUGIS. Bijoux symboliques. 28, rue Louis-le-Grand. [TÉLÉPH.] Central 87.60.
3	246	LAFLÈCHE Frères. Tissus élastiques, bretelles, ceintures. 69, rue Réaumur. [TÉLÉPH.] Gutenberg 59.17.
3	2'53 / 16	LAFON Frères. Fleurs artificielles. 59, boulevard de Strasbourg.
3	164	LAMBERT (André). Confection pour Dames et Fillettes. 6, place des Victoires.
3	**156**	**LANDIER. Bijouterie, Orfèvrerie, Joaillerie.** **11, boulevard du Temple.** [TÉLÉPH.] Archives 37.15. *Voir page* 128.
2	**35**	**LAPOINTE (A.) et Fils. Bronzes d'art.** **Eclairage électrique, Marbres, Pendules de styles.** **Reproduction d'ancien.** **100, rue Amelot.** [TÉLÉPH.] Roquette 32.21. *Voir page* 109.
2	**135** / '10	**LARCADE. Antiquaire.** **140, rue du Faubourg-Saint-Honoré.** [TÉLÉPH.] Elysées 02.55. *Voir page* 108.
3	206	LAZARUS MEUNIER, PRAEGER et CONFAIS. Lingerie en gros pour Hommes. 42, rue Louis-Blanc. [TÉLÉPH.] Nord 53.84.
3	193	LEBATTEUX (Mme Paul). Broderies pour Mode. Sacs, Colliers, Haute nouveauté. 1, rue d'Hauteville.
2	38	LEBRUN-TARDIEU. Bronzes. Lustres, Suspensions, Appliques. 63, rue des Archives. [TÉLÉPH.] Archives 32.63.
2	**51**	**LECERF. Porcelaines, Cristaux, Objets d'Art.** **33 et 35, rue Tronchet.** [TÉLÉPH.] Central 84.86. *Voir page* 110.
		LECOIFFIER, Peinture, papiers peints. **98, rue Blanche.** *Jardin, Maison* 308. *Voir page* 137.

Halls	Nos	EXPOSANTS

Halls	Nos	EXPOSANTS
3	155	**LEFEBVRE Fils aîné (Société Anonyme des Etablissements).** **Bijouterie, Joaillerie, Orfèvrerie.** **Corne sculptée. Médailles artistiques.** **Briquet « *Le Feu ardent* ».** **Breloques « *Tan Fé Pah* ».** **106-108, rue de Rivoli.** [TELEPH.] Central 27.40. *Voir page* 111.
3	253 / 15	LEGRAND (André), successeur de LEHOUCKE Frères. Fleurs artificielles. 70, rue Victor-Hugo, Montreuil.
3	253 / 14	LEGRAND (Gabriel). Fleurs artificielles. 10, rue Alibert.
2	134	LEHMANN J. (Les Neveux de). Statuettes, Bronzes, Ivoires, Marbres. 26, rue de Paradis. [TELEPH.] Central 92.45.
2	87	LELEU (Georges). Bronzes d'Eclairage. 53, rue du Faubourg-Saint-Antoine.
3	253 / 17	LELU. Fleurs artificielles. Nouveautés haute fantaisie pour mode et corsage. 61, rue de Richelieu.
3	205	LENA. Vitrines et Accessoires d'étalages. 160, rue Oberkampf. [TELEPH.] Roquette 40.30.
3	199	LEMOINE et DUPUY. Peignes écaille, corne et bijouterie. 15, rue Vivienne. [TELEPH.] Central 99.86.
2	109	**LÉON (M.). Ameublement.** **84, rue du Faubourg-Saint-Antoine.** [TELEPH.] Roquette 23.10. *Voir page* 76.
3	119	LEROI (Sœurs). Lingerie fine. 225, rue Saint-Honoré.
3	141	**LEROY et SCHMID. Fourrures Max. Fourrures confectionnées.** **Place de la Bourse.** [TELEPH.] Central 69.06. *Voir page* 114.
2	74	**LEVIEIL. Tapissier-Décorateur.** **Meubles et sièges anciens. Tapisseries. Objets d'art.** **Reproduction de Meubles de Musées et de Collections.** **18, rue La Fayette.** [TELEPH.] Central 57.15. *Voir page* 116.

Halls	Nos	EXPOSANTS
2	148	**LÉVY (Albert). Librairie Centrale des Beaux-Arts. Ouvrages de Librairie se rapportant à l'industrie du Meuble et annexes.** 2, rue de l'Echelle. [TELEPH.] Louvre 33.87. *Voir page 152.*
3	216	Lévy (Robert). Faux-cols et Manchettes, 168 à 172, rue Saint-Denis. [TELEPH.] Central 76.45.
3	262	Leymarie (Mlle). Fleuriste. 12, rue des Pyramides.
3 3	61 268	**LEYS et Cie. Paris-Tailleur. Tailleur pour Dames et Messieurs.** 3, rue du Louvre. [TELEPH.] Louvre 08.39. *Voir pages 112 et 113.*
3	207	Lheureux (G.). Lingerie pour Hommes, Dames et Enfants. 23, rue du Mail. [TELEPH.] Gutenberg 29.75.
3	253 / 6	Lhomme. Fleurs artificielles. 11, rue Saint-Augustin.
2	148	**Librairie Centrale des Beaux-Arts. Albert Lévy. Ouvrages de Librairie d'Ameublement et de Décoration.** 2, rue de l'Echelle. [TELEPH.] Louvre 33.87. *Voir page 152.*
3	172	**LIBRON et Cie. Corsets en gros. Articles hautes nouveautés.** 54, avenue de Clichy, Paris. [TELEPH.] Marcadet 17.68. *Voir page 115.*
2	77	**Cie LINCRUSTA WALTON Fse et LOREID Réunis. Tentures murales.** 10, rue de la Pépinière. [TELEPH.] Wagram 91.35 et 94.60. *Voir page 118.*
2	55	**LINKE. Décoration d'intérieur, Meubles d'art, Tapisserie. Marbres et Bronzes d'art. Peintures. Ancien et moderne. Grands ensembles décoratifs.** 170, Faubourg-Saint-Antoine [TELEPH.] Roquette 03.49. Succursale : 26, Place Vendôme. *Voir page 117*
2	135 / 16	**LOO et Cie. Objets d'art anciens de Chine.** 34, rue Taitbout [TELEPH.] Central 24.70. *Voir page 119.*
3	97	Louaisil (Etablissements J.). Fourrures. 46, rue des Jeûneurs. [TELEPH.] Gutenberg 14.96.

Halls	Nos	EXPOSANTS
1	49 1	**LOUVRE (Grands Magasins du). Place du Palais-Royal, Rue de Rivoli fondés en 1855.** **Les plus jolies nouveautés.** **Au premier rang par l'importance de leurs rayons et le choix de leurs marchandises.** *Voir page* 120.
3	219 3	LUROT et Cie. Autruche fantaisies riches, aigrettes, paradis. 66, rue des Petits-Champs. [TÉLÉPH.] Central 93.73.
2	15	LUX (Pierre). Etablissements Guinier. Bronzes d'Eclairage. Electricité Lumière. Force. 34, 36, 38, 40, rue de Trévise. [TÉLÉPH.] Gutenberg 49.06 et 49.22. *Maisons* à Bordeaux, Nice, Marseille, Lille, Metz, Strasbourg, Londres et au Maroc. *Voir page* 98.
3	86	**MABUT (F.). Fourrures.** **39, boulevard Saint-Martin et 48, rue Meslay.** [TÉLÉPH.] Archives 11.62. *Voir page* 110.
2	124	MALFRAY (James). Objets d'art reconstitués de l'ancien. Intérieurs décoratifs. 21, rue Lavoisier. Ateliers : 11, rue Tesson. [TÉLÉPH.] Nord 10.65.
2	22	**MANUEL (Henri).** **Photographe. Editeur d'art.** **27, rue du Faubourg-Montmartre.** *(Salon de Photographie).*
3	149 3	MARCEL et RIQUEUR. Broderies. 12, rue de la Paix.
3	152 1	MARCHÉ (Jules). Chaussures de Luxe sur mesure. 57, rue des Mathurins. [TÉLÉPH.] Gutenberg 59.19.
3	149 1	MARESCOT (Paul). Dentelles, Broderies. 24, rue Saint-Augustin.
3	253 18	MARGELIDON. Fleurs artificielles. 40, rue de Paradis.
3	210 4	MARIA (Mlle). Plumes pour parures. 39, rue Saint-Marc.
2	78	MARGOT (F.). Appareils d'éclairage de style moderne. 33, rue du Faubourg-Saint-Antoine.

Halls	Nos	EXPOSANTS
2	**84**	**MARTIN (E.). Curiosités. Objets d'art, Electricité. Spécialité d'encriers, etc.** 10, rue Charlot. ⬛ Archives 37.69. *Voir page 128.*
3	253 / 26	MARTORY. Fleurs artificielles. 17, rue Dussoubs.
2	282	MASSON (Léon). Décorateur Antiquaire. 15, rue d'Armaillé. ⬛ Wagram 45-78.
3	260	MATHIEU (Louis). Broderies sur or. 130, rue Réaumur. ⬛ Louvre 03 73.
3	277 / 4	MAUREY, Fabricant de Chaussures. 25, rue Olivier-Métra. ⬛ Roquette 00.54.
3	238	MAURICE (S.) et Cie. Corsets. 208, boulevard Voltaire. ⬛ Roquette 24.39.
3	201	MAYER Frères. Sacs, porte-cigarettes, maroquinerie. 67, rue Montorgueil. ⬛ Gutenberg 58.07.
2	20	MELCY, Photographe. 5, place du Théâtre-Français. *(Salon de Photographie).*
	253 / 19	MERCELOT. Fleurs artificielles. 42, rue du Château-d'Eau.
2	**122**	**MERCIER Frères. Ameublement.** 100, rue du Faubourg-Saint Antoine. ⬛ Roquette 97.71 et 07.72.
2	**89**	**Grands Ensembles Décoratifs.** *Voir nos 2 stands de meubles riches et nos 3 stands de meubles courants.* *Voir page 122.*
3	185 / 1	MERMILLIOD (Eugène). Chapeaux pour Dames. 52, rue Montmartre. ⬛ Roquette 10.92.
3	195	MEUNIER (André). Dorures et Matières premières pour Broderie. 103, rue Réaumur. ⬛ Gutenberg 23.93.
3	210 / 11	MEYER (A.). Etoles, boas, fantaisies pour chapeaux. 67, rue Montorgueil. ⬛ Nord 25.09.
3	276	MICHEL (M.). Appareils spéciaux d'optique. 5, rue de l'Université.
		MIGNEAUX, Photographe. 78, rue du Temple. *(Salon de Photographie).*

Halls	Nos	EXPOSANTS
3	213	MILLET (E.) (Anciens Etablissements BOURDEAUX). Chemises, Faux-cols. 9, rue du Faubourg-Poissonnière. [TÉLÉPH.] Central 39.04.
3	219 5	MILLON (V.). Autruches, fantaisies, panaches dais, articles militaires. 45, rue des Petits-Champs. [TÉLÉPH.] Central 91.54.
2	107	**MIOLAND J. et R. LELOGEAIS, Reproduction de Meubles et Sièges anciens (Epoques-Gothique et Renaissance).** **21, rue de la Grange-aux-Belles.** [TÉLÉPH.] Nord 16.06. *Voir page 123.*
2	108	**LE MOBILIER (L. et M. CERF). Ameublement.** **68, rue du Faubourg-Saint-Antoine.** [TÉLÉPH.] Roquette 23.10. *Voir page 125.* LE MOBILIER DU FOYER. Ameublements. 24. rue de la Chaussée d'Antin. *Jardin, Maison* 310.
3	161	MONTEAUX et Cie. Bijouterie, Joaillerie, Orfèvrerie, Horlogerie. 6, square de l'Opéra. [TÉLÉPH.] Central 33.52.
2	92	MOREAU (P.). Cuivres d'ameublement. 9, rue de Chabanais. [TÉLÉPH.] Central 58.04.
3	219 6	MORIN (Ed.). Plumes, Fleurs, Eventails. 21, rue d'Antin. [TÉLÉPH.] Central 30.74.
3	253 7	MULLER. Fleurs artificielles. 71, rue du Faubourg-Saint-Martin.
2	27	**MULLER (G. et H.). Fabricants.** **Vases de styles et potiches de Chine montés bronze.** **Lampes électriques avec abat-jour.** **15, rue Béranger.** [TÉLÉPH.] Archives 15-32. *Voir page 126.*
2	83	**MULLER (Maison). R. et P. DOMANGE, successeurs.** **Meubles de Bureaux.** **50, rue de Chateaudun.** [TÉLÉPH.] Gutenberg 24.84, Central 01.61. *Voir page 94.*
2	47	MUSÉE DU TAPIS D'ORIENT (Au). Tapis et Tapisseries d'Orient. 93, 95, rue La Boétie. [TÉLÉPH.] Elysées 54.25.
3	19	**NEUBAUER (Jacques). A la Reine d'Angleterre. Fourrures.** **249, rue Saint-Honoré.** [TÉLÉPH.] Central 41.82, Gutenberg 63.02. *Voir page 127.*

Halls	Nos	EXPOSANTS
2	126 / 6	Neveu (E.), Brunet et Cie. H. Brunet et Cie, successeurs. Tissus d'Ameublement. 13, rue d'Uzès. [TÉLÉPH.] Gutenberg 26.33.
3	140 / 6	Noel. Broderies, Dentelles. 2, rue du Luxembourg.
1	49	Nouveauté (Chambre syndicale du Commerce de la). 8, rue Montesquieu. [TÉLÉPH.] Gutenberg 30.66.
2	82	**NOWAK. Ameublement.** **38, rue du Faubourg-St-Antoine.** [TÉLÉPH.] Roquette 76.57. *Voir page* 128.
3	200	Nussbaum et Herold. Cannes, Ombrelles, Cravaches. 67, rue Montorgueil. [TÉLÉPH.] Central 43.14.
3	243	Paul Olmer et Cie. Soieries pour cravates, robes de chambre, pyjamas. 159, rue Montmartre. [TÉLÉPH.] Gutenberg 20.73.
3	151	Orange et Cie. Couture. 110, rue La Boétie.
2	75	Orlhac-Pradier (A.) et Fils. Ameublement. 57, rue de Chateaudun. [TÉLÉPH.] Gutenberg 57-44.
2	70	**PANE (Ch.). Bronzes d'Art.** **46, rue de Sévigné.** *Voir page* 129.
3	244	Pangon (Mme.) Le Batik Français. Tissus d'Art. 64, rue La Boétie. [TÉLÉPH.] Elysées 52.05.
3	153	**JOSEPH-PAQUIN. Modèles, tailleurs, robes et manteaux.** **10, rue de Castiglione.** [TÉLÉPH.] Louvre 20.16. *Voir page* 130.
3	224	A. Parent et Cie. Boutons en tous genres. 103, rue Réaumur (1er).
	280	Paris-Magazine. 9, boulevard des Italiens. *(Jardins).*
3 3	61 268	**PARIS-TAILLEUR, LEYS et Cie. Tailleur pour Dames et Messieurs.** **3, rue du Louvre.** [TÉLÉPH.] Louvre 08-39. *Voir pages* 112-113.
3	237	Pemjean. Tissus et fournitures pour corsets. 10, rue Saint-Augustin. [TÉLÉPH.] Central 95.07.
2	79	**PEROL FRÈRES. Ameublement.** **4 et 30, Faubourg-Saint-Antoine.** [TÉLÉPH.] Roquette 06.73. *Voir page* 133.

Halls	Nos	EXPOSANTS
2 2	233 271	**PEROL (Georges), successeur de L. DUCHESNE.** **Papiers peints, tentures et tapis, tapis d'Orient.** **5, boulevard des Filles-du-Calvaire.** *Voir page* 132.
2	135 / 4	**PERDOUX (Y). Antiquaire.** **Tableaux anciens.** **Tapisseries, meubles et objets d'art anciens de 1er ordre.** **50, rue du Faubourg-Saint-Honoré.** [TELEPH.] Elysées 14.10. **31, avenue des Champs-Elysées.** *Voir page* 131.
2	260	Phidias, Photographe. 368, rue Saint-Honoré. *(Salon de Photographie).*
3	187	Philippe, Viallar et Cie. Bonneterie fantaisie. 21, 23, rue Etienne-Marcel. [TELEPH.] Gutenberg 29.92, 70.96.
2	52	**PICARD et Cie. Maison fondée en 1839.** **Ameublement, Chambres à coucher, Salles à manger.** **Travaux de menuiserie.** **26, rue du Faubourg-St-Antoine.** [TELEPH.] Roquette 06.31. *Ateliers* : **25, rue de Charenton ; 60, rue de Reuilly.** *Voir page* 134.
3	210 / 7	Picard (H. et G.). Boas, autruche et fantaisies. 3, rue Poissonnière. [TELEPH.] Louvre 24.45.
3	210 / 8	Pichon Frères. Plumes, fantaisies, aigrettes, boas, fourrures, marabout. 12, rue d'Enghien. [TELEPH.] Central 68.79.
2	135 / 15	**PIERSON (G.). Antiquaire.** **14, boulevard de Courcelles.** *Voir page* 135.
1	40 / 6	Place Clichy (à la). Nouveautés, Tapis, Meubles. 3, Place Clichy. [TELEPH.] Gutenberg 58.29.
1 2	49 / 3 135 / 17	**PRINTEMPS (Grands Magasins au). Nouveautés.** **64, boulevard Haussmann.** [TELEPH.] Gutenberg 43.91. *Voir page* 107.
3	149 / 5	Privé (Ed.). Broderies, dentelles. Spécialité d'ameublement. 2, rue de Luynes. [TELEPH.] Saxe 21.06
3	273	Proffit (E.). Maroquinerie, gainerie, ébénisterie. 31, avenue de la République. [TELEPH.] Roquette 38.34.
3	277 / 5	Proust. Fabricant de Chaussures. 25, rue Pajol. [TELEPH.] Nord 31.48.

Halls	Nos	EXPOSANTS
2	125	RAINGO Frères. Bronzes d'Art, Décoration. 102, rue Vieille-du-Temple. [TÉLÉPH.] Archives 01-57.
3	253 / 8	RAMBOURG (Mme). Fleurs artificielles, haute nouveauté. Copie d'après nature. 2, rue de Louvois.
3	167	**RAVENEL (A.) Fils. Fabricant d'étalages et vitrines. Accessoires du Vêtement. 347, rue Saint-Martin.** *Voir page* 138.
3	19	**REINE D'ANGLETERRE (à la), Jacques Neubauer. Fourrures. 249, rue Saint-Honoré.** [TÉLÉPH.] Central 41.82, Gutenberg 63.02. *Voir page* 127.
3	185 / 2	RICHARDIÈRE ET GÉRARD (Anciens Etablissements). Paul ROUSSEAU et Cie, successeurs. Fleurs, Plumes et ornements pour modes. 111, rue Réaumur. [TÉLÉPH.] Gutenberg 34.40.
3	228	RIFFARD-GODFRAY. Broderies, Tapisseries. 10, rue du Mont-Thabor
3	182	RIGAUD. Parfumeur. 8, rue Vivienne. [TÉLÉPH.] Louvre 14.29.
3	149 / 8	ROCHE (A.). Dentelles. 14, rue de Chabanais.
2	135 / 24	**ROMAND, KNUDSEN et Cie. Antiquités de la Chine. 47, rue Laffitte.** [TÉLÉPH.] Trudaine 57.08. *Voir page* 138.
		ROSWAG et Cie. Décoration, ameublement. Cité Véron, 94, boulevard de Clichy. [TÉLÉPH.] Marcadet 14.54 *Jardin, Maison* 308. *Voir page* 136.
3	10	**ROUÉ (Yves). Joaillerie, Orfèvrerie. Paris : 41, rue La Boétie.** [TÉLÉPH.] Elysées 47.67. **Dinard : 1, rue du Casino.** [TÉLÉPH.] Dinard 2.02. *Voir page* 129.
3	253 / 9	ROUGIER Sœurs. Fleurs artificielles. Spécialité : Roses et boutons Nice pour mode et branches appartement. 9, cité Riverin.
3	204	ROUSSEAU (Etablissements A.). Chemises hommes. 16, rue Bertin-Poirée.
2	47 / 1	ROUSSEAU-CLÉMENT. Objets d'art et petits meubles en requin de Chine et galuchat. 28, rue d'Armenonville, Neuilly sur-Seine.

Halls	Nos	EXPOSANTS
3	253 / 24	ROUSSEL (E.). Fleurs artificielles. 6, rue de Marseille.
3	253 / 20	ROUSSEL-ANDRIEU. Fleurs artificielles. Décoration. 167-169, rue Saint-Denis.
3	18	RUZÉ (E.). Fourrures confectionnées. 23, boulevard Haussmann. [TELEPH.] Central 60.66.
2	76	SABOURIN (Jules). Photographe. 35, boulevard des Capucines. *(Salon de Photographie).*
3	278	SADERNE (Etablissements). Chaussures. 132, quai Jemmapes.
2	4	SAJOU. Broderies, Tapisseries. 74, boulevard Sébastopol. [TELEPH.] Archives 11.69.
2	1	**SALOMON (A.). AU CONFORTABLE. Ameublement.** **4, 6, 8, rue de Rome.** [TELEPH.] Gutenberg 13.68. Ateliers : **2, rue de la Roquette.** [TELEPH.] Roquette 00.09. **Grands Ensembles décoratifs.** *Voir page* 98.
3	270	SAMET (Max). Chaussures pour hommes et dames. 122, quai Jemmapes. [TELEPH.] Nord 55.27.
3	219 / 9	SAMSON (F.). Fantaisies et boas autruche. Aigrettes, Paradis. 10 et 12, rue Richer. [TELEPH.] Central 19.65.
3	194	SAMUEL (Paul). (Ancienne Maison HAAS KAHN). Fantaisies pour Modes, Broderies, Sacs. 28, rue Bergère.
3	150	SARLANDIE (Jules). Emaux d'Art 13, avenue Garibaldi, Limoges. Représentant M. BOULLIER, 4, rue Say. BOULLIER (E.) Spécialité de Colliers ciselés et fantaisie. Commission-exportation. 4, rue Say (près l'avenue Trudaine), Paris.
3	216	SCHMIT (Albert), Robert LÉVY, success^r. Faux-cols et Manchettes. 168 à 172, rue Saint-Denis. [TELEPH.] Central 76.45
2	101	**SCHMIT et Cie Ameublement.** **18, 20, 22, 24, rue de Charonne.** [TELEPH.] Roquette 06.72.
2	100	**Grands Ensembles Décoratifs.** *Voir page* 141

Halls	Nos	EXPOSANTS
3	219 / 10	Schwartz et Ullmann. Boas, sacs, chapeaux, plumes. 40, rue du Château-d'Eau.
3	166	Schulmann (Léon). Lingerie et Confection. 8, rue du Sentier. [TÉLÉPH.] Gutenberg 10.87.
3	212	Seiligmann et Cie. Lingerie pour Hommes, Dames et Enfants. 122, rue Réaumur. [TÉLÉPH.] Gutenberg 45.30.
2	135 / 21	Seligmann (Arnold). Antiquaire. Objets d'art, hautes curiosités. 23, place Vendôme. [TÉLÉPH.] Central 29.63.
3	264	**SILBERSTEIN (G.). Maroquinerie.** **66, rue de Bondy.** *Voir page* 139
2	247	**SAUNIER, DUVAL et Cie (Société anonyme des anciens Etablissements). Bronzes d'éclairage.** **99, avenue de la République.** [TÉLÉPH.] Roq. 34.02 et 03.17. **1 et 3, rue Condillac.** **18, place Vendôme.** [TÉLÉPH.] Louvre 08.82. **20, rue Royale.** [TÉLÉPH.] Central 62.35. *Voir page* 140
3	232	Société Anonyme Française (Maison E. Saget). Haute mode. 15, rue Ambroise-Thomas. [TÉLÉPH.] Louvre 16.46.
3	186	Société des Anciens Etablissements Stockman. Bustes, Mannequins, Gainerie. Articles d'étalages. 150, rue Legendre. [TÉLÉPH.] Marcadet 15.19.
3	229	**SOCIÉTÉ DU CAOUTCHOUC MANUFACTURÉ.** (Anciens Etablissements Mouilbeau, Fayard, Chevreau, Laurain et Cie). **Tissus élastiques,** Bretelles, Jarretelles, Fixe-Chaussettes, Ceintures, Dessous de bras. **Vêtements et tissus imperméables.** **86 90, rue Notre-Dame de Nazareth.** [TÉLÉPH.] Archives 29.55. *Usines :* **Viry-Châtillon** (Seine-et-Oise). 29.57 **Mouy** (Oise). **Flers** (Orne). *Voir page* 148.
3	222	Société des Cires Artistiques de Paris. Mannequins et Cires Artistiques. 23, rue de Turenne.
3	239	Société des Etablissements E. Weil et Cie. Corsets sur bustes. 18, 20, Faubourg-du-Temple. [TÉLÉPH.] Roquette 56.76.

Halls	Nos	EXPOSANTS
4	163	SOCIÉTÉ DU GAZ DE PARIS. Appareils de chauffage, cuisine et éclairage par le gaz. 6, rue Condorcet. *Jardin.*
2	25	**SOCIÉTÉ FRANÇAISE DE SCULPTURE D'ART.** **Veuve Félix CAVAROC et Cie. Marbres, Objets d'art, Tableaux.** **10, rue de la Paix.** [TELEPH.] Central 81.40. *Voir page* 76.
2	90	**SOCIÉTÉ INDUSTRIELLE DE VERRERIE. (Cristalleries de Pantin.)** **86, rue de Paris, Pantin.** [TELEPH.] Nord 15.48. **50, rue de Paradis, Paris.** [TELEPH.] Gutenberg 55.89. *Voir page* 149.
2	80	SOUBRIER (F. et P.). Ameublement. 14, rue de Reuilly. [TELEPH.] Roquette 07.89. Grands Ensembles Décoratifs.
3	170/6	STOFFEL (P.). Chapeaux pour Dames et Fournitures pour Modes. 133, rue de l'Université. [TELEPH.] Central 36.61.
3	174	SURCOUF (Mme A.). Lingeries et Robes. 6, rue de Trévise. [TELEPH.] Bergère 40.36.
3	40	**SUSSE Frères. Bronzes d'art.** **13, 15. boulevard de la Madeleine** [TELEPH.] Central 51.52. **31, Place de la Bourse.** [TELEPH.] Gutenberg 26.10. *Voir page* 143.
3	41	**SUSSE (J.). Céramique d'art.** **27, rue Diderot à Issy-les-Moulineaux.** [TELEPH.] Issy 97. **13, 15, boulevard de la Madeleine.** [TELEPH.] Central 51.52. **31, Place de la Bourse.** [TELEPH.] Gutenberg 26.10. *Voir page* 150.
		TALMA, Photographe. 16, rue Duphot. *(Salon de Photographie).*
2	112	**TEKKO. Tentures murales, Rideaux, etc.** **Décoration complète de châteaux, villas, appartements.** **28, rue de Richelieu.** [TELEPH.] Louvre 23.41. *Voir page* 146.
2	28	THIBAULT (Maurice). Fabricant de bronzes d'éclairage et d'ameublement. Ebénisterie d'art. 64, rue de Turenne. [TELEPH.] Archives 21.24.
3	149/4	THIÉBAUT (Charles). Dentelles et broderies. 3, rue du Helder.

Halls	Nos	EXPOSANTS

| 2 | 126 | Tissus d'Ameublement, Tapisserie et Tapis (Chambre syndicale des) 8, rue Montesquieu. [TELEPH.] Gutenberg 30-66. |

| 3 | 253 / 21 | Tournier. Fleurs artificielles 80, rue de Bondy. |

Travaux Modernes (Les), Toutes constructions.
Toutes installations.
Chauffage central.
3, rue Thérèse.   *Jardins.*

| 2 | 144 | Tronc (A.). Tissus et Tapis d'Ameublement. 23 à 29, rue du Mail, Paris. [TELEPH.] Gutenberg 26.44, 40.76, 40.81, 56.62. [TELEPH.] Louvre 06.95. |

| 3 | 160 | **VAGUER (Maurice). Fabrique de bijouterie, joaillerie.** *9 médailles d'or et grands prix aux Expositions universelles.* **41, rue Etienne-Marcel.** [TELEPH.] Gutenberg 31.41. |

Voir page 143.

| 3 | 42 | **VALENCIENNES (H.). Fourrures.** **17, rue Vivienne.** [TELEPH.] Gutenberg 12.00. |

Voir page 147.

| 3 | 253 / 22 | Vallon-Mennecier (Mme). Fleurs artificielles. 187, rue du Temple. |

| 3 | 131 | Vandelle (Mme). Couture. 11, rue du 4-Septembre. |

| 3 | 253 / 25 | Vanier. Fleurs artificielles. 54, rue de Bondy. |

| 2 | 114 | **VASE DE BRONZE (au). BOYER (René), Ameublement, Décoration.** **9 et 21, avenue de l'Opéra.** [TELEPH.] Central 66-33. |
| 2 | 56 | Grands Ensembles Décoratifs. |

Voir page 72.

| 3 | 98 | Vasseur (Mme). Maison Adam. Fourrures. 8, rue du Sentier. |

| 2 | 135 / 27 | **VAUQUELIN. Antiquités, tapisseries, tableaux.** **93, boulevard Haussmann, 93.** |

Voir page 150.

Halls	Nos	EXPOSANTS
	255	**VERAX. Tout ce qui concerne l'incendie.** **Extincteurs, seaux-pompes, etc.** *Bureaux* : **Paris, 32, rue Le Peletier.** [TELEPH.] Bergère 45.37 *Usines* : **Clichy (Seine).** **Rueil (Seine-et-Oise)** *Voir page* 151.
3	158	VERTUS Sœurs (M^{on} de). Corsets. 12, rue Auber. [TELEPH.] Central 54.45.
3	50	VILLEMINOT (Lucien). A. RONDEAU et Cie. Bonneterie fantaisie. 13-15, rue Bachaumont, Paris. Usines à Corbie et Bernay.
3	214	VIMONT (L.). Pyjamas, sous-vêtements confectionnés pour Hommes et Dames. 3, rue des Deux-Boules. [TELEPH.] Gutenberg 58.67.
2	115	VINAY BAUME Fils. Rideaux, Stores, Linge de table. 10, rue du 4-Septembre. [TELEPH.] Gutenberg 26.23.
3	147	VINCENT (A.), successeur de ROCQUE et Cie. Fourrures 26, rue du 4-Septembre.
2	50	WALERY, Photographe. 9 bis, rue de Londres. *(Salon de Photographie).*
2	135 / I	WANNIECK (L.). Importation directe d'objets d'art anciens de Chine 1, rue Saint-Georges.
2	135 / 6	WEILL R. et Cie. Antiquaires. 74, rue du Faubourg-Saint-Honoré.
3	203	**WORMS-ALEXANDRE. Corsages, Peignoirs, Tabliers et Jupons,** **136, rue Saint-Denis.** [TELEPH.] Gutenberg 52.98. *Voir page* 150.

COMITÉ DE PATRONAGE

des

HABITATIONS A BON MARCHÉ

CONCOURS DE MAISONS

MAISON N° 301/1 et 301/2.

Isouard, Architecte, 23, rue du Rocher.

MAISON N° 308.

Société anonyme de Constructions coulées.

Brevets Maurice FILDIER A. D. P. L. G.

Usine à **Dourdan** (Seine-et-Oise).

Direction à **Paris, 6, rue Montalivet.** *Voir page 137.*

Collaborateurs :

Etablissements Moriquand, Charpente, Menuiserie.

141, rue Broca.

Corbassière, Pavage et Carrelages céramiques,

16, rue de la Chapelle.

Jacob, Delafon et Cie, Appareil sanitaire, Evier,

14, quai de la Rapée.

ROSWAG (V.) Mobilier, décoration.

Cité Véron, 94, boulevard de Clichy. *Voir page 136.*

LECOIFFIER, Peinture et papiers peints.

98, rue Blanche. *Voir page 137.*

Curta (B.), Cheminée, Marbrerie, 73, rue Folie-Méricourt.

Etablissements Allez Frères, Fourneaux, ustensiles de cuisine

1. rue Saint-Martin.

MAISONS N° 309/1, 309/2, 309/3.

Société des Aéroplanes Voisin, Constructeurs.

36, boulevard Gambetta à Issy-les-Moulineaux.

Collaborateurs :

Architectes d'Art et Construction.

47, rue de Verneuil.

MAISON N° 310.

Société d'Exploitation des procédés SCORIA.

Brevets W. CARGILL, Architecte diplômé par le Gouvernement.

S'adresser pour tous renseignements à la Maison 310 ou **27, rue Marbeuf** (mardi et samedi de 9 à 12 h.).

Voir pages 144-145.

Collaborateurs :

H. Denis, Maçonnerie, 17, rue Lepelletier.

Entreprise Générale de Confort Moderne, (Arnoult-Nerdeux), 10, rue Lavoisier. Voir pages 144-145.

Bombois, Menuisier, 2, rue Vallette.

Trouvay et Cauvin, Ventilation, 80, rue Taitbout.

Albertolli, Peinture, 4, rue du Commandant-Rivière.

Le Mobilier du Foyer, 24, rue de la Chaussée-d'Antin.

MAISONS N°ˢ 312/1 et 312/2.

Brisson et Terry, Architectes. 14, rue de Belzunce. [TÉLÉPH.] Nord 33.07.

Collaborateurs :

Bishoprie, Revêtements extérieurs. Cincinati (Ohio) U. S.

W. K. Jones, Revêtements intérieurs et couverture. Swansea. Angleterre.

MAISON N° 314.

H. J. BRUNEAU, Industriel. Fromonceau-les-Nemours (Seine-et-Marne). *Voir page* 78

S.A.P.E.C., 16, place de la Madeleine, Paris.

et M. Pailler, 50, rue Adrien-Dubouché, Limoges.

Collaborateurs :

Bourguignon, Menuisier à Nemours.

Eluère, Constructeur de la machine Allur. 19, rue de Milan à Paris.

Laurent, Charpentier à Nemours, quai Victor-Hugo.

Bernard, Fabricant de tuiles à Roanne.

Demoulin, Plombier à Nemours (S.-et-M.).

GOUFFÉ JEUNE, ameublement. 48, faubourg Saint-Antoine. *Voir page* 101.

Etablissements Allez Frères, Articles de ménage, etc. 1, rue Saint-Martin.

Gaget-Simard, Serrures, rue du Centre, La Garenne (Seine).

Collin (A.), Papiers peints, 10, place des Victoires.
Compagnie Générale des Spécialités Industrielles, Peinture,
Produits chimiques. 16, boulevard de la Madeleine.

MAISON N° 315.

Levanneur, Constructeur,
14, rue de l'Indépendance à Colombes.

MAISON N° 319.

L. Berthault et Cie, Industriel-constructeur.
74, rue du Faubourg-Poissonnière.

MAISON N° 320.

Etablissement E. Brousse, Industriel.
9, rue de Lagny. ⟦TÉLÉPH⟧ Roquette 54.26.

MAISON N° 323

Picard, Architecte. 8, rue de Valenciennes.
Collaborateurs :
Grands Magasins du PRINTEMPS, Paris. *Voir page* 107.
Société du Bloc-Equerre, 66 bis, rue Jouffroy.
Poujoulat, constructeur, 14, rue de la Pépinière.

MAISON N° 324

Société anonyme la Construction Rapide.
41 *bis*, rue de Chateaudun.
Collaborateurs :
Dyle et Bacalan, Charpente, 15, rue Matignon.
Bry Felicea, Couverture, Plomberie.
15, rue du Pont-Louis-Philippe.
Société Innovation, Ameublement, 104, av. des Champs-Elysées.
Chez Francis JOURDAIN, 2, rue de Sèze. ⟦TÉLÉPH⟧ Central 12.80.
Meubles, décoration, architecture intérieure.

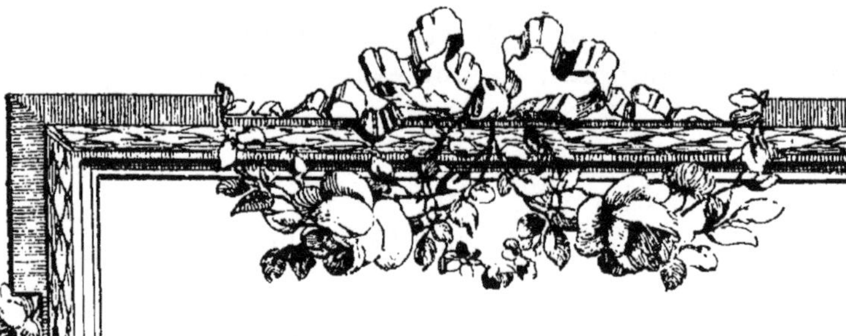

CHAMBRE SYNDICALE

DE LA

CURIOSITÉ & DES BEAUX-ARTS

18, Rue de la Ville-l'Évêque

PARIS (8e)

Exposition Rétrospective

MEUBLES & BRONZES - TAPISSERIES

ÉTOFFES - DENTELLES - PORCELAINES

FAÏENCES - TABLEAUX - DESSINS

GRAVURES

□ □ □ □

STAND 135 — PAVILLON CENTRAL (COTÉ LOUVRE)

SALLE POUR EXPOSITIONS, CONFERENCES, ETC
en l'Hôtel de la Chambre Syndicale
de la Curiosité et des Beaux-Arts
POUR LOCATION S'ADRESSER :
18, Rue de la Ville-l'Evêque, 18 - PARIS-VIIIe
Téléphone Elysées 52-77

LISTE DES EXPOSANTS

DE LA

Chambre Syndicale de la Curiosité et des Beaux-Arts

Nos	NOMS & ADRESSES	Téléphone
25	ALLAIN, 66, rue La Boëtie, curiosités de céramiques anciennes	Elys. 40.57
26	BEAUMONT, 62, rue des Mathurins, gravures et reliures anciennes.........	Gut. 14.45
3	BEN SIMON (E.), 20, rue Royale, objets d'art, ameublements.............	Cent. 84.66
13	BOIVIN, 24, rue des Quatre-Fils, argenterie, boîtes or, miniatures anciennes ...	Arch. 24.27
20	BRUNNER (Ch.), 11, rue Royale, tableaux anciens de Grands Maîtres......	Elys. 39.78
2	CANTI (Mme Andrée), 108, faubourg Saint-Honoré, objets d'art, curiosités ...	Elys. 07.82
12	CARLHIAN, 6 bis, avenue Kléber, décorateur..........................	Passy 12.86
28	DECOUR, 26 bis, rue François-Iᵉʳ, meubles anciens, objets d'art..........	Passy 55.15
2	DELANGROLLE (Mme), 9, rue Vignon, objets d'art, curiosités	
8	GUÉRAULT, 3, rue Roquépine, objets d'art anciens, tapisseries anciennes	Elys. 05.29
9	GUIRAUD, 1, quai Voltaire, antiquaire........................	Fleu. 17.56
23	HAAS, 29, rue d'Astorg, antiquaire	Elys. 07.79
14	HAMOT Frères, 75, rue de Richelieu, tapisseries anciennes................	Gut. 19.09
3	HELFT, 34, rue Lafayette, objets d'art, ameublements	
22	HODGKINS, 3, rue de Berri, tableaux, objets d'art, Chine...............	Elys. 18.46
19	HOUR, LAVIGNE et Co, 1, rue Saint-Anastase, pendules anciennes	Arch. 02.20
7	JANSEN, 6, rue Royale, antiquaire	Cent. 44.73
11	JONAS (Edouard), 3, place Vendôme, tableaux, objets d'art	Louv. 13.17
24	KNUDSEN et ROMAND, 47, rue Laffitte, antiquités de la Chine..........	Trud. 57.08
5	KRAEMER (Lucien) 2, rue Tronchet, meubles, objets d'art, tableaux anciens ..	Cent. 68.29
17	LAGUIONIE et Cie, Grands Magasins du Printemps, ameublements, décoration.	Cent. 57.87
10	LARCADE, 140, faubourg Saint-Honoré, objets d'art anciens et Chine.........	Elys. 02.55
16	LOO et Cie, 34, rue Taitbout, objets d'art anciens de Chine, hautes curiosités..	Cent. 24.70
4	PERDOUX, 50, faubourg Saint-Honoré, antiquités, tableaux, tapisseries......	Elys. 14.10
15	PIERSON, 14, boulevard de Courcelles, tableaux anciens	
18	SEGNI (Dᵗ), 80, rue du Bac, dentelles, curiosités.................	
21	SELIGMANN (A.), 23, place Vendôme, objets d'art, hautes curiosités	Cent. 29.63
27	VAUQUELIN, 93, boulevard Haussmann, curiosités, tapisseries, décoration....	
1	WANNIECK, 1, rue Saint-Georges, objets d'art de Chine................	Gut. 21.99
6	WEILL et Cie, 74, faubourg Saint-Honoré, curiosités, objets d'art	

MANUFACTURE
E. BERTHELOT

BREVETÉ S. G. D. G.

PARIS
35, RUE DES JEÛNEURS

Tél. Gutenberg 57-01

VAUCOULEURS
(Meuse)

Téléphone 6

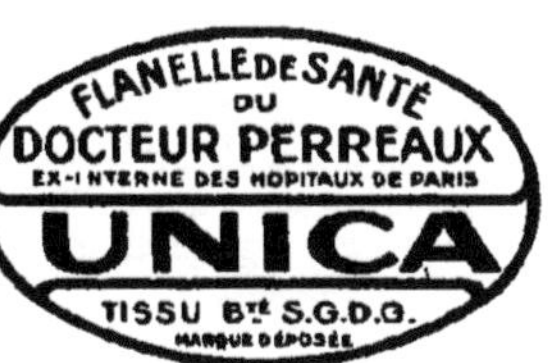

GILETS FLANELLE	**CHEMISES** Articles classiques & Hautes Fantaisies
CHEMISES FLANELLE	**PYJAMAS**
CALEÇONS ZÉPHYR, OXFORD, SOIE et FANTAISIES	**PLASTRONS et CEINTURES**

HALL 3 — EMPLACEMENT N° 217

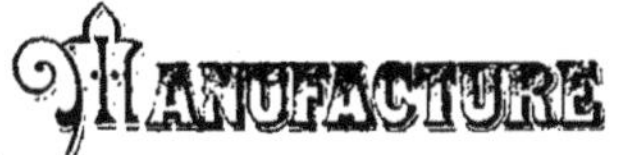

SPÉCIALITÉ DE BAS & CHAUSSETTES

A MARSEILLE-EN-BEAUVAISIS (Oise)

MEMBRE DU JURY

HORS CONCOURS

LONDRES 1908
BRUXELLES 1910
TURIN 1911
GAND 1913

HORS-CONCOURS
STRASBOURG 1919

Théodore Boileau

67, Rue de Rivoli, 67

TÉLÉPHONE
Gut: 30-05

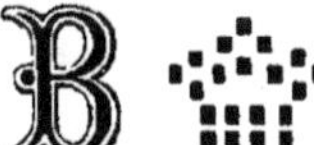

M.D. 2117 - 26.4 - 1865

Hall 3. — Emplacement 177.

BRONZE D'ART & D'AMEUBLEMENT

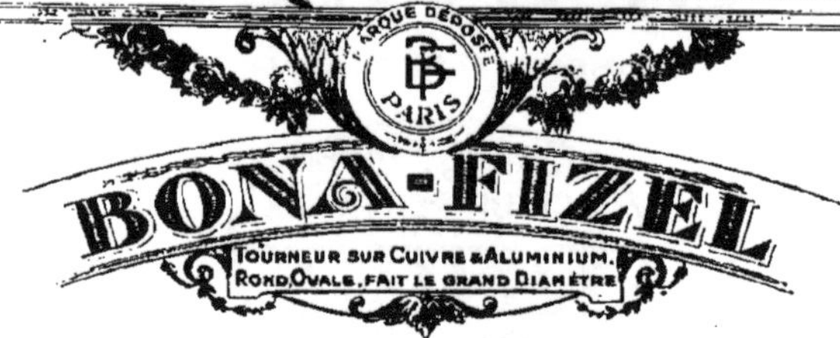

MARQUE DÉPOSÉE
BF
PARIS
BONA-FIZEL
TOURNEUR SUR CUIVRE & ALUMINIUM.
ROND, OVALE, FAIT LE GRAND DIAMÈTRE

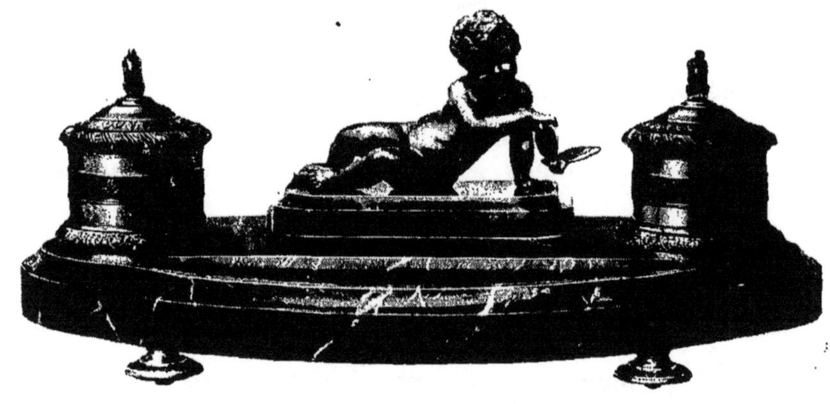

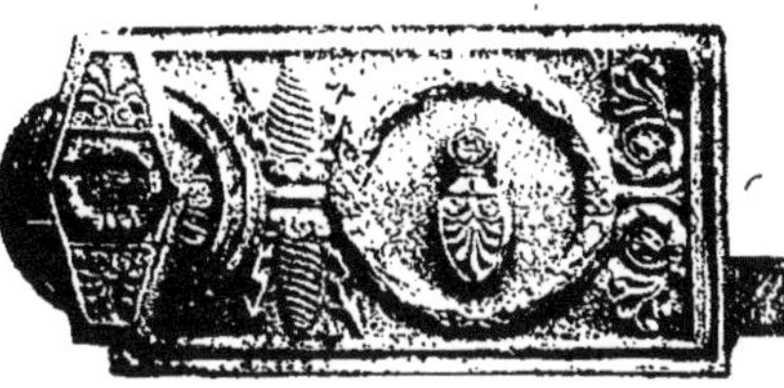

SERRURES & FERMETURES DE TOUS STYLES

G. & R. BRICARD

39, Rue de Richelieu

PARIS

Hall 2. — Emplacement 85.

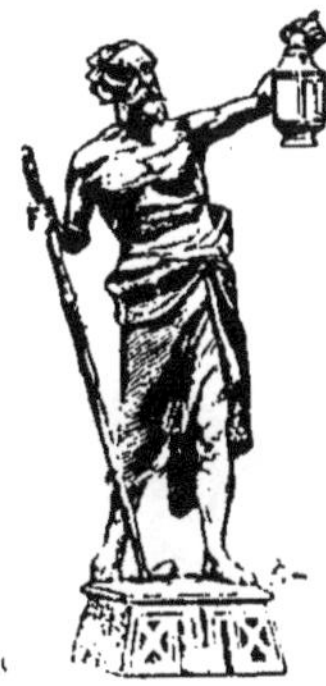

MANUFACTURE DE BRONZES D'ÉCLAIRAGE
ÉLECTRICITÉ - GAZ
BRONZES D'ART — GROUPES & STATUETTES

Ch. BOULANGER & Cie

1 et 3, Rue du Parc-Royal et 54, Rue de Sévigné

Téléphone :	**PARIS (3e)**	Adresse Télégr.
Archives 29-12		Charlanger - Paris

Médailles d'Or aux Expositions Universelles.

Hall 3. — Emplacement 37.

Marie-Louise BUTTET

LINGERIE FINE

62, Rue Tiquetonne - PARIS - *Téléph. Central 12-94*

GROS   Blouses et Déshabillés - Fantaisies   **DETAIL**

Hall 3   **EXPORTATION**   *Emplacement 281*

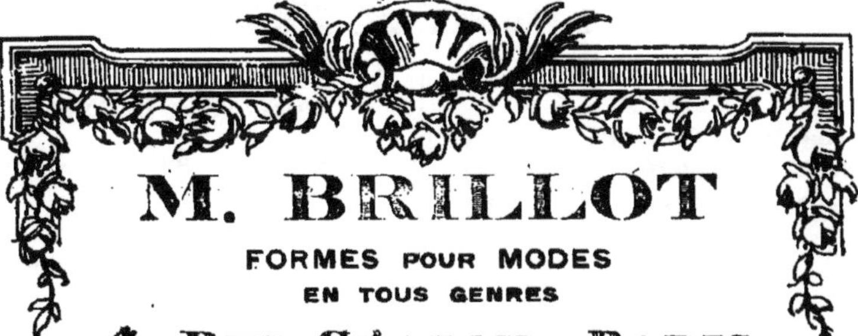

M. BRILLOT

FORMES POUR MODES
EN TOUS GENRES

4, RUE CHAPON - PARIS

COMMISSION-EXPORTATION   Téléph. Archives 0-40

70   Hall 3 — Emplacement 226.

Manufacture de Tissus et Tapis
POUR AMEUBLEMENT

Lucien BOUIX
7 - 9, Rue du Mail - PARIS

ADRESSE
TÉLÉGRAPHIQUE :

LUBOUMAI-PARIS

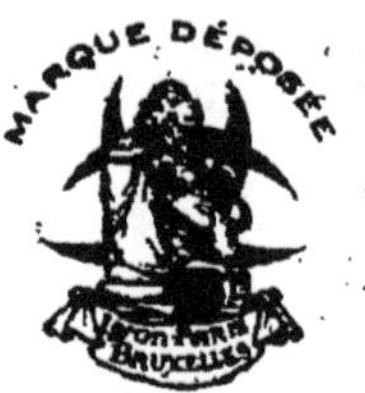

TÉLÉPHONE :

GUTENBERG 26-62
— 26-13

VUE DE MES USINES

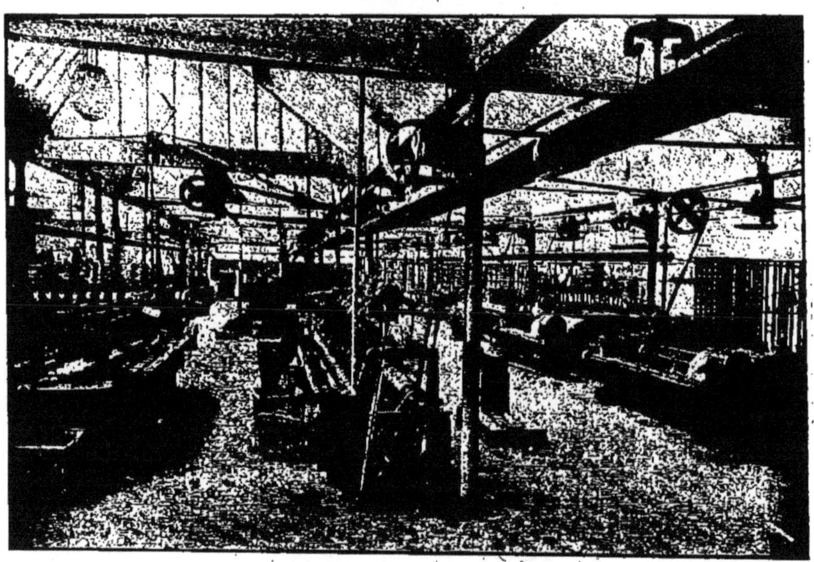

USINES	MAISONS A BRUXELLES
61, Rue de la Fédération, PARIS	2 et 4, Rue du Persil, 2 et 4
St-SORLIN de MORESTEL (Isère)	Place des Martyrs
12 et 14, Rue Mélane, MALINES	

GRANDS PRIX aux Expositions Universelles.

Hall 2. — Emplacement 126/2.

71

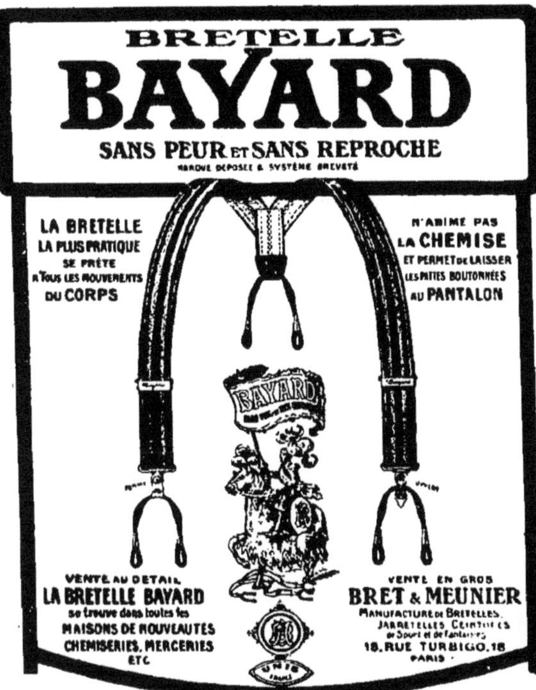

BRETELLE
BAYARD
SANS PEUR ET SANS REPROCHE
MARQUE DÉPOSÉE & SYSTÈME BREVETÉ
LA BRETELLE
LA PLUS PRATIQUE
SE PRÊTE
A TOUS LES MOUVEMENTS
DU CORPS
N'ABIME PAS
LA CHEMISE
ET PERMET DE LAISSER
LES PATTES BOUTONNÉES
AU PANTALON
BAYARD
VENTE AU DÉTAIL
LA BRETELLE BAYARD
se trouve dans toutes les
MAISONS DE NOUVEAUTÉS
CHEMISERIES, MERCERIES
ETC
VENTE EN GROS
BRET & MEUNIER
MANUFACTURE DE BRETELLES,
JARRETELLES, CEINTURES
de Sport et de Fantaisie
18, RUE TURBIGO, 18
PARIS

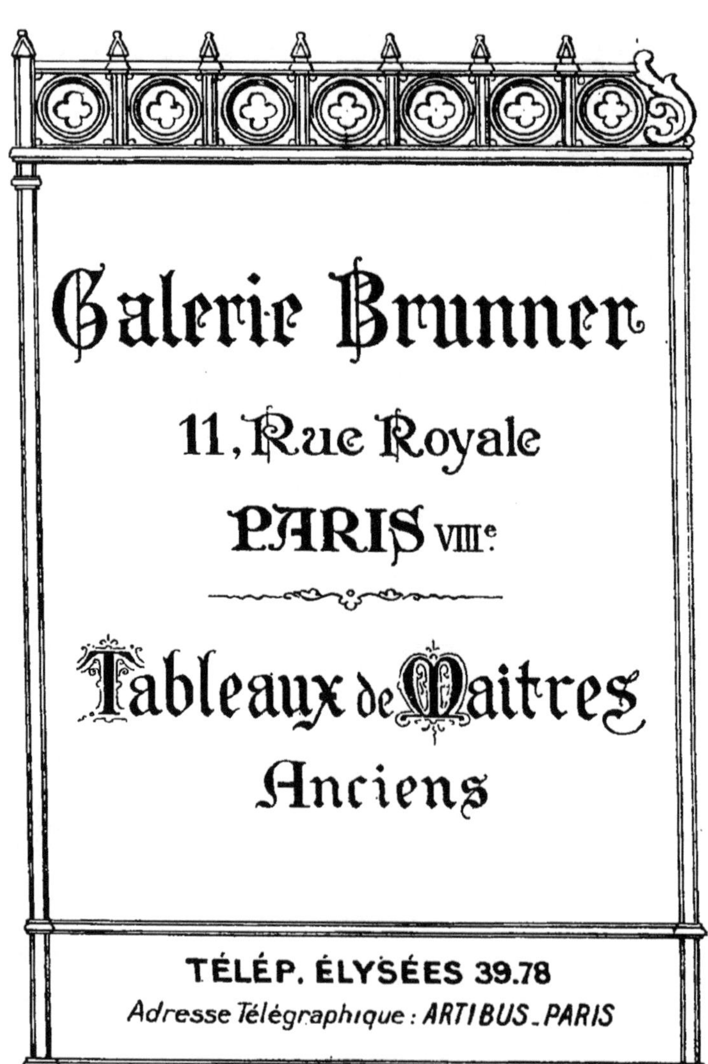

Galerie Brunner
11, Rue Royale
PARIS VIIIᵉ
Tableaux de Maitres
Anciens
TÉLÉP. ÉLYSÉES 39.78
Adresse Télégraphique : ARTIBUS_PARIS

Cardeilhac

ORFÈVRE

24, Place Vendôme.

TÉLÉP. GUT. 15.31

Argenterie Orfèvrerie
Coutellerie Fine
Objets d'Art

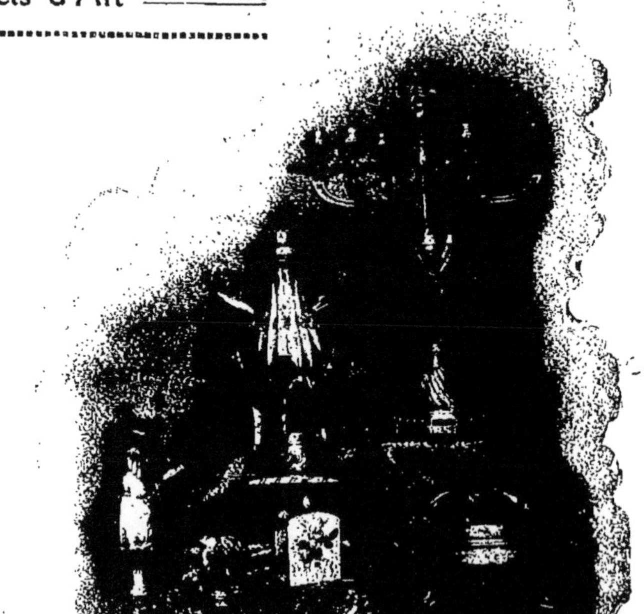

Hall 2. — Emplacement 111.

FOURRURES DE C. CHANEL & Cie

DAMOUR & Cie Successeurs

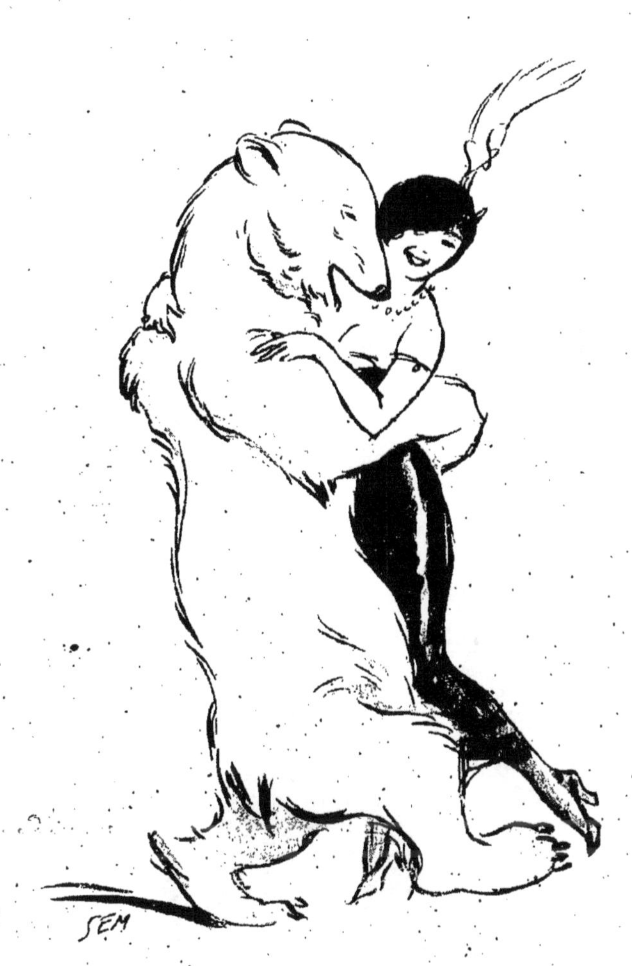

PARIS - 217, Rue Saint-Honoré, 217

Téléphone Central 42-78

Hall 3. — Emplacement 234.

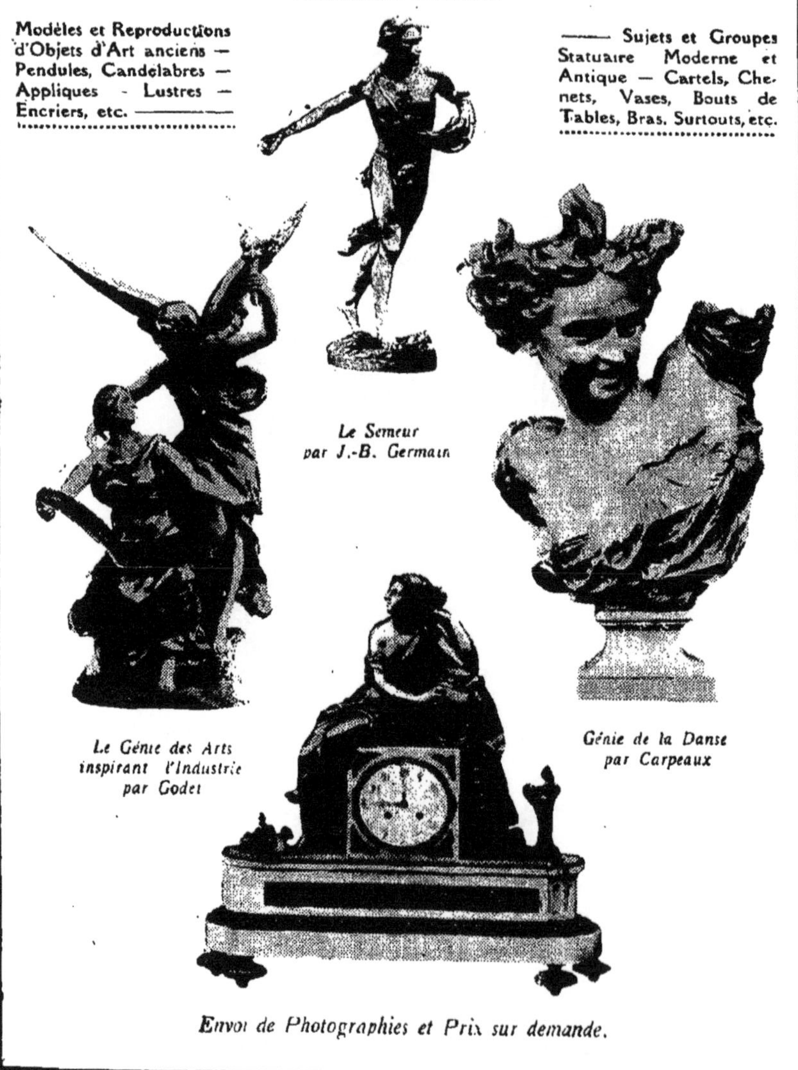

CHRISTOFLE & CIE

FONDEURS EN BRONZE

56, Rue de Bondy, 56 - PARIS

BRONZE FONDU ET CISELÉ — FER FORGÉ
BRONZE GALVANIQUE

DÉCORATION ARCHITECTURALE ET D'AMEUBLEMENT

DÉCORATION D'ÉDIFICES — HALLS
VESTIBULES, ASCENSEURS, ESCALIERS
FAÇADES — BRONZES D'ECLAIRAGE
GROUPES, STATUES, BAS-RELIEFS, etc..

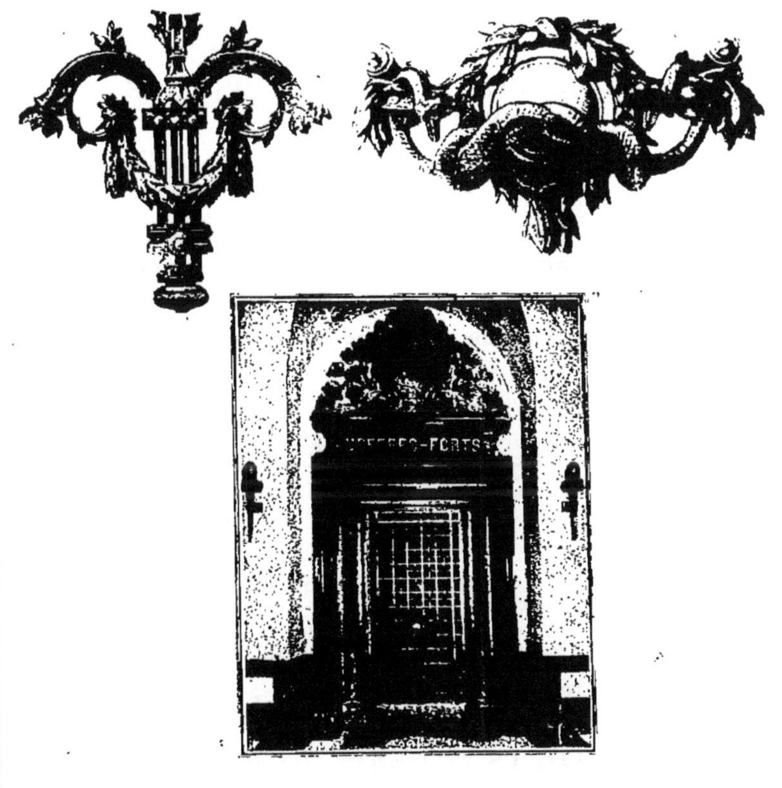

Hall 2. — Emplacement 24.

Fourrures André Colle

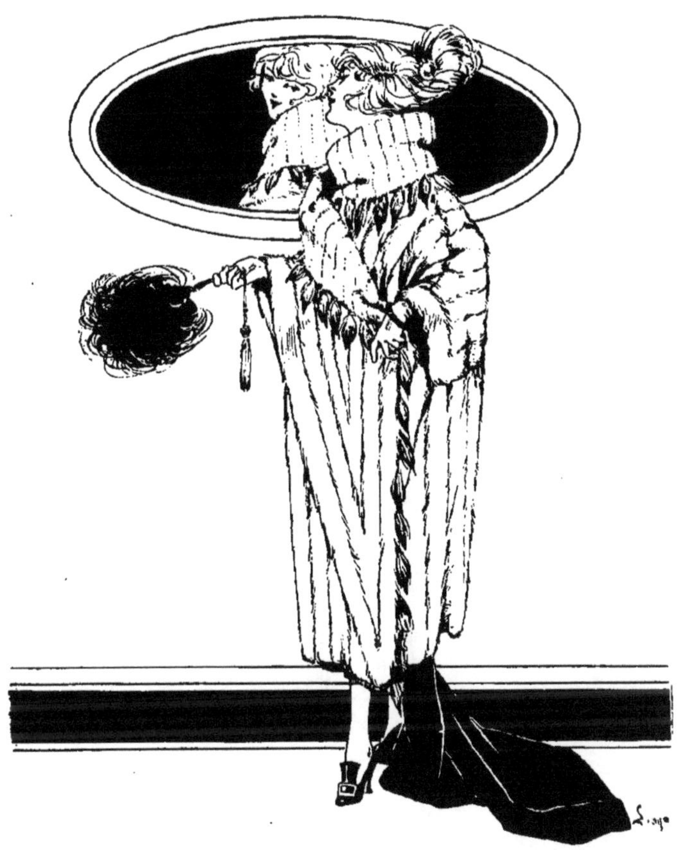

120 Rue Réaumur
PARIS

9 & 9 bis Rue du Curé St Étienne
LILLE

G.R. COQUANTIN
RUE DE VAUGIRARD

SES :
MEUBLES.....
SES :
ANTIQUITÉS..
SES :
TAPISSERIES.

SES :
SIÈGES......
SES :
TENTURES...
SES :
INSTALLATIONS.

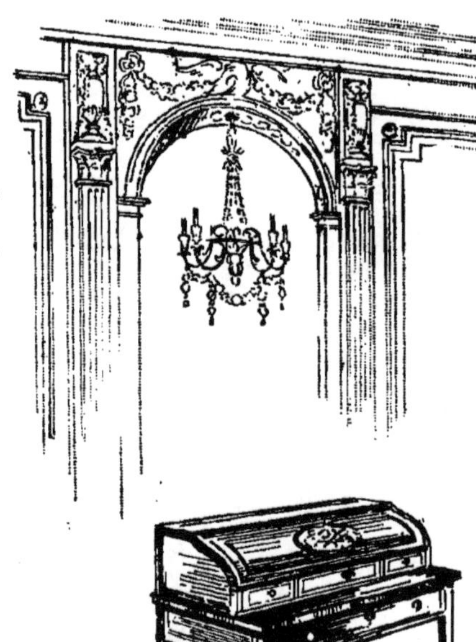

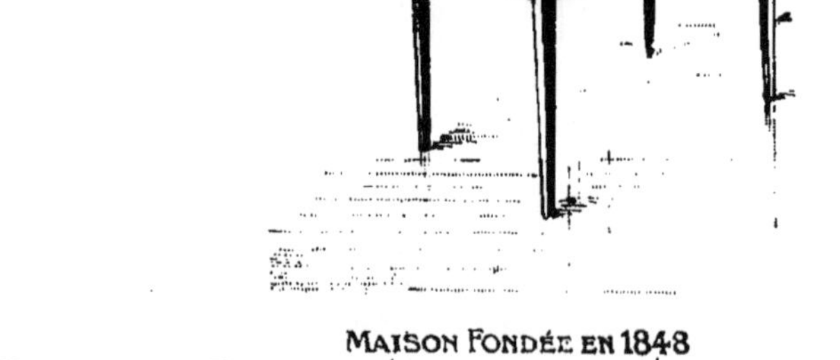

MAISON FONDÉE EN 1848

MAGASINS D'EXPOSITION : 31, RUE DE VAUGIRARD · 2 & 4, RUE J.-BART

TÉL : SAXE 04.30...
FLEURUS 24.58

ATELIERS DE FABRICATION & DE RÉPARATIONS
11, RUE JEAN-BART

Hall 2. — Emplacement 123.

87

Grande Parfumerie
des Princes

M^{on} CORNU

6 & 8, Passage des Princes - PARIS

Laboratoire et Manutention :
1, Rue Laffitte, PARIS

GROS & DEMI-GROS

Spécialités de la Maison :
Parfums, Poudre, Crême

Demandez
Le Captivant Parfum des Princes
Unique et Persistant
et tous ses parfums nouveaux.
Flacons d'essai : 0.95

Seule Maison n'ayant pas augmenté ses produits.

Une Innovation

TEINTURE DES PRINCES

Plus de cheveux blancs
Résultat instantané inconnu jusqu'à ce jour
Application facile

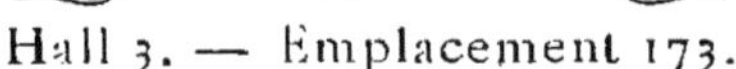

Hall 3. — Emplacement 173.

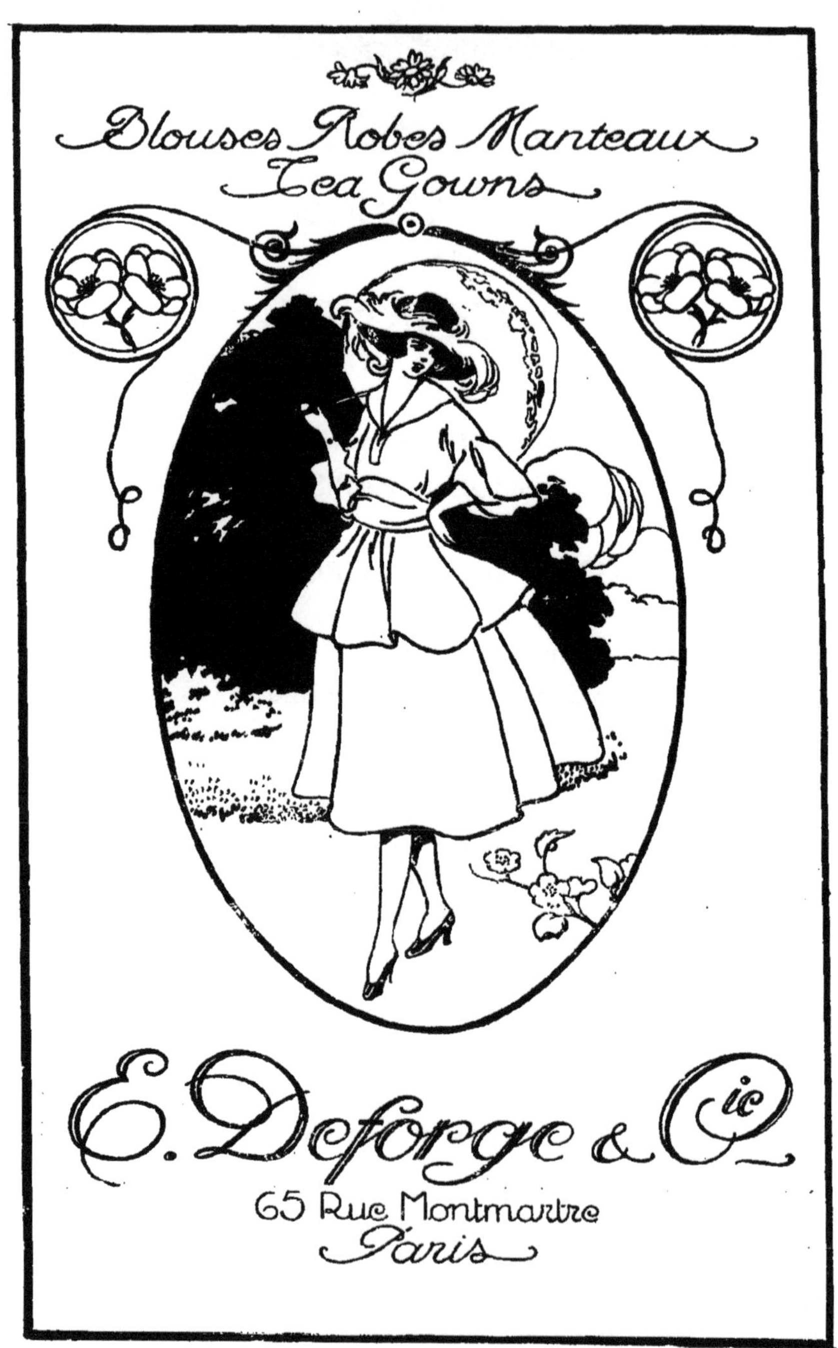

Blouses Robes Manteaux
Tea Gowns
E. Deforge & Cie
65 Rue Montmartre
Paris

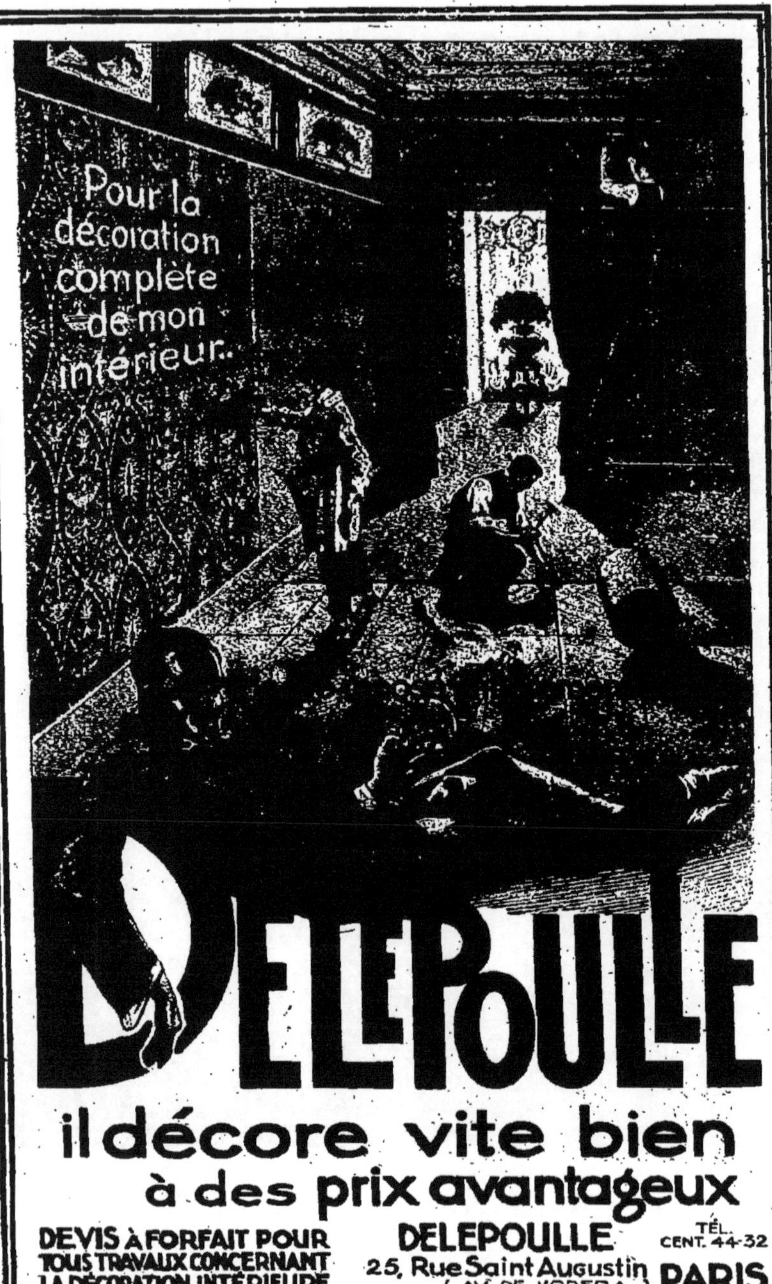

Pour la
décoration
complète
de mon
intérieur..

DELEPOULLE
il décore vite bien
à des prix avantageux

DEVIS À FORFAIT POUR
TOUS TRAVAUX CONCERNANT
LA DÉCORATION INTÉRIEURE

DELEPOULLE
25, Rue Saint Augustin
(AV. DE l'OPERA)

TÉL.
CENT. 44-32

PARIS

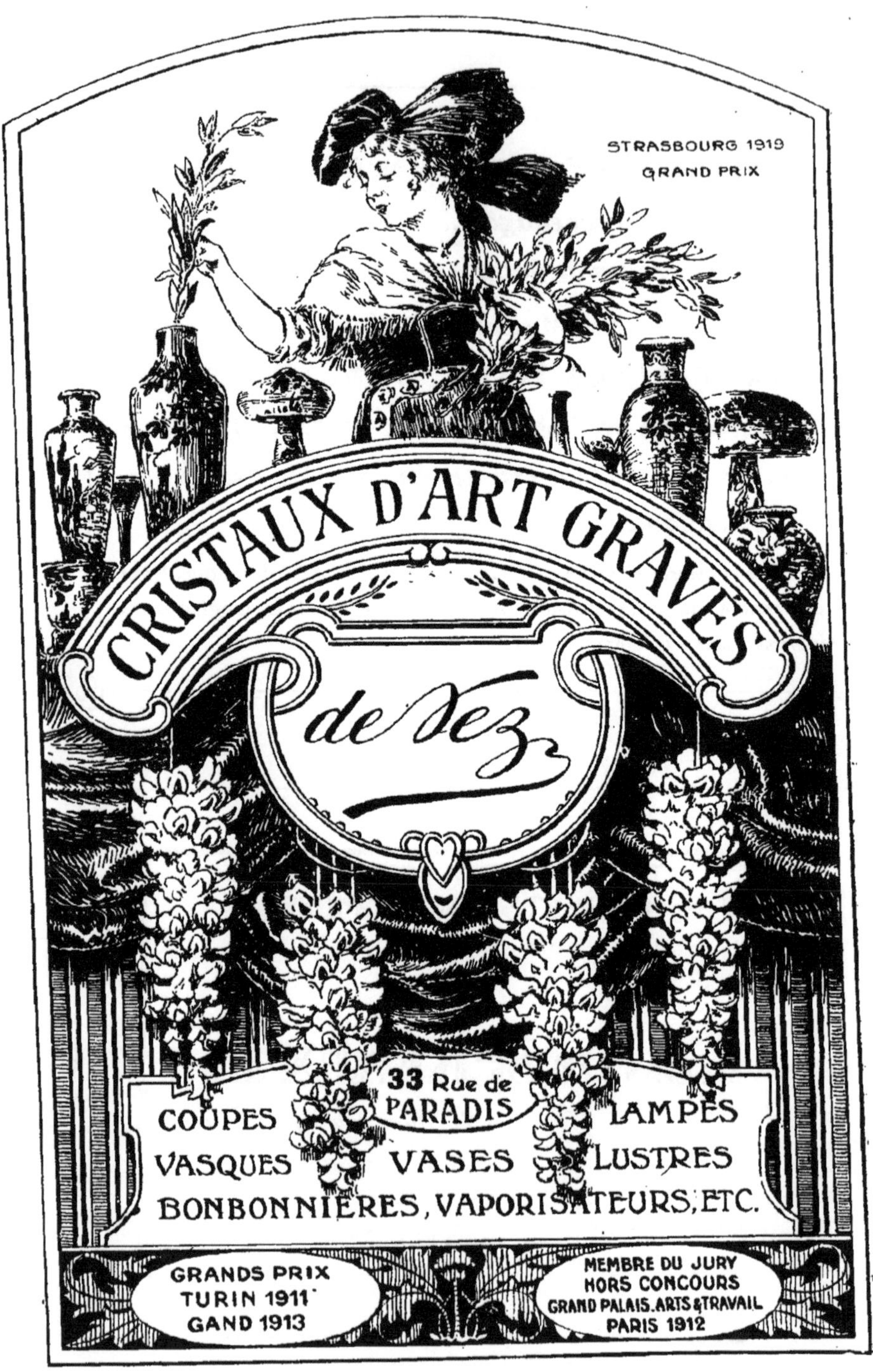

Hall 2. — Emplacement 12.

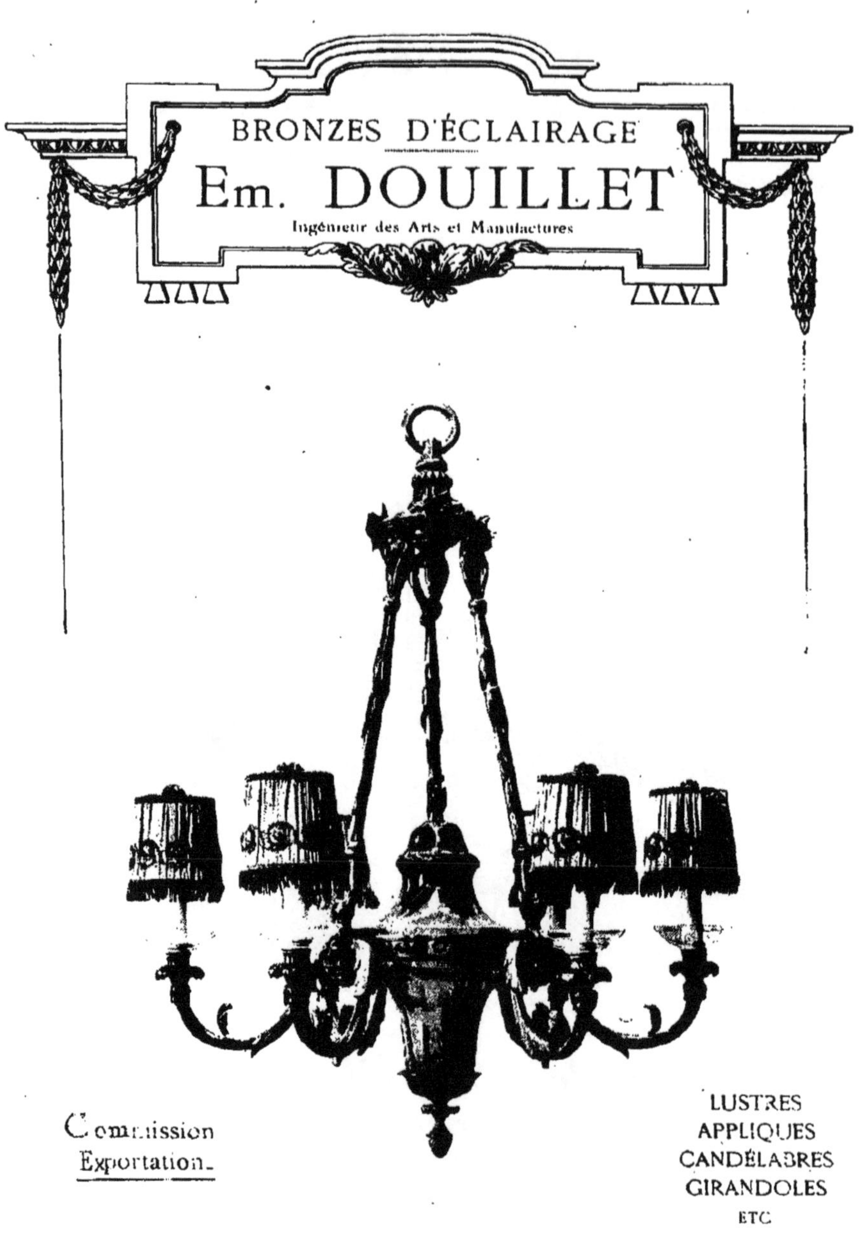

BRONZES D'ÉCLAIRAGE
Em. DOUILLET
Ingénieur des Arts et Manufactures
Commission
Exportation
LUSTRES
APPLIQUES
CANDÉLABRES
GIRANDOLES
ETC
Magasins et Ateliers
46, Boulevard de la Bastille
PARIS
Tél. Roquette 0.82

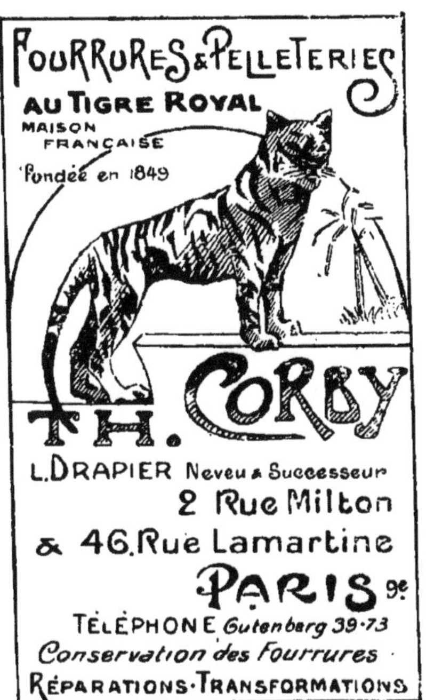

Hall 3. — Emplacement 146.

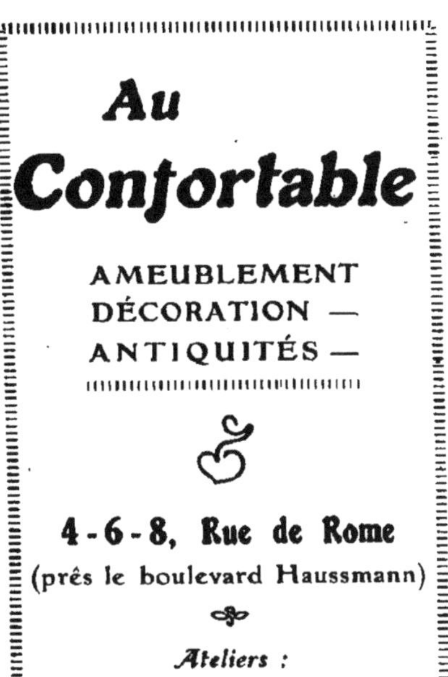

Hall 2. — Emplacement 1.

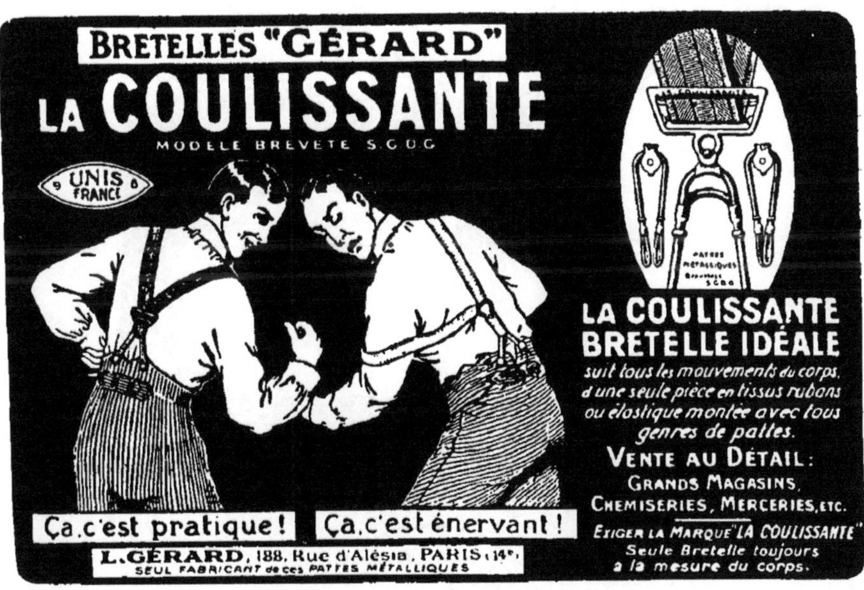

Hall 3. — Emplacement 248.

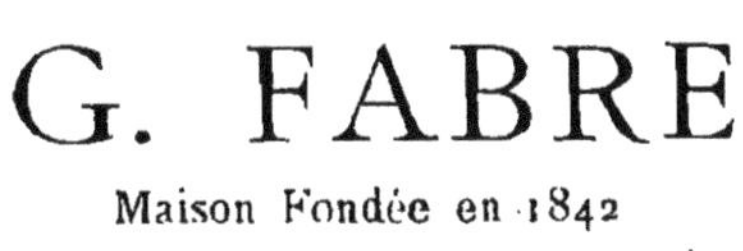

G. FABRE

Maison Fondée en 1842

4, Rue des Filles-du-Calvaire - Paris

Diplôme d'Honneur : Strasbourg 1919.

**PENDULES, CANDÉLABRES, BOUTS DE TABLE
DE TOUS STYLES**

**CARTELS, GIRANDOLES, FLAMBEAUX,
ENCRIERS**

REPRODUCTION DE PENDULES ANCIENNES

TÉLÉPHONE ARCHIVES 20.20   Hall 2 — Emplacement 34

Établissements GUINIER

34, 36, 38, 40, Rue de Trévise

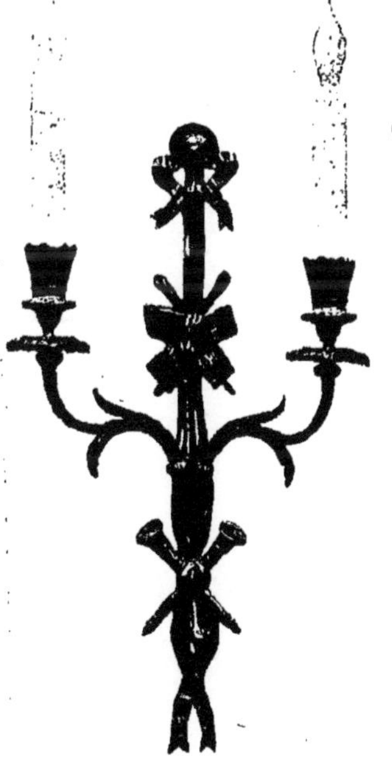

LUMINAIRE

LUMIÈRE

FORCE

Hall 2. Emplac. 15

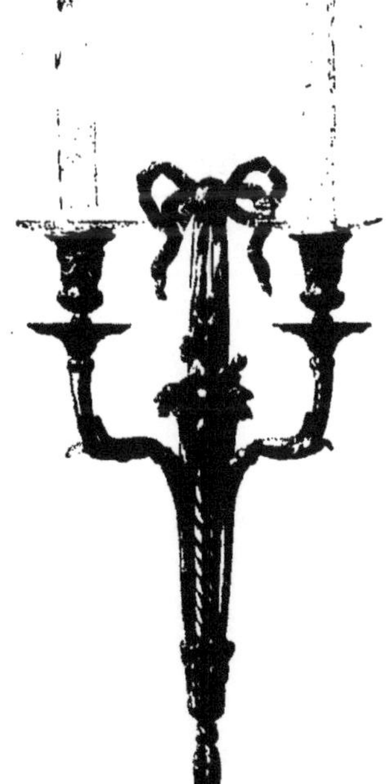

98

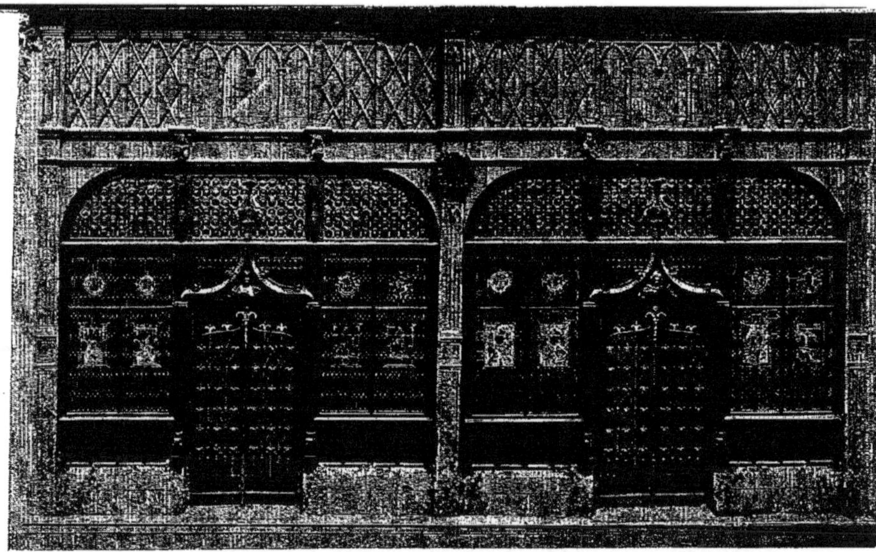
Ameublements d'Art
Spécialité de
Gothique & de Renaissance.
Georges Fuller & Martial Eymonaud
MAGASINS & SALLES D'EXPOSITION: 51, Rue d'Amsterdam, PARIS
ATELIERS & BUREAUX: 27, Rue des Buttes Montmartre, St-OUEN.
TÉLÉPH. MARCADET 24-72

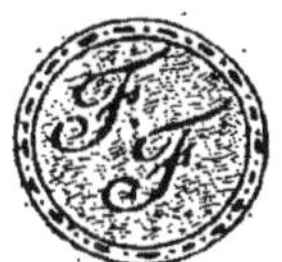

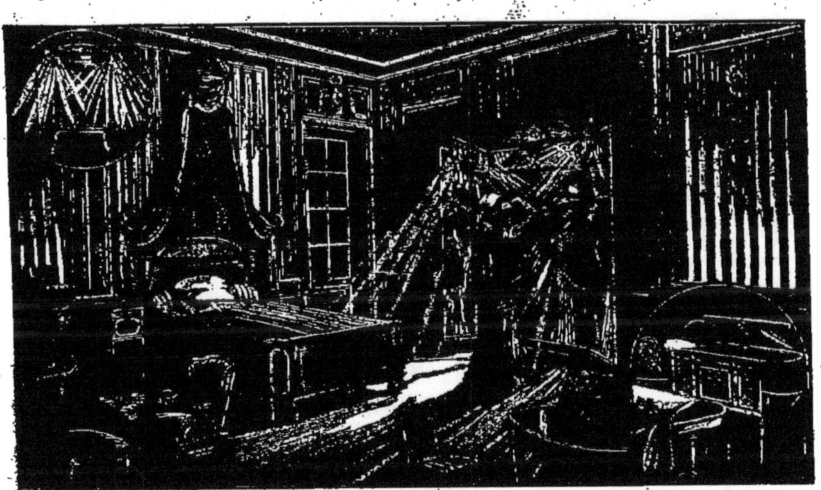

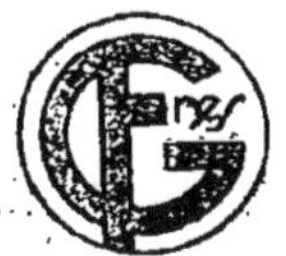

HAMOT Fréres & Cie

□ □ **Maison de Vente à PARIS** □ □

Manufacture à AUBUSSON (Creuse)

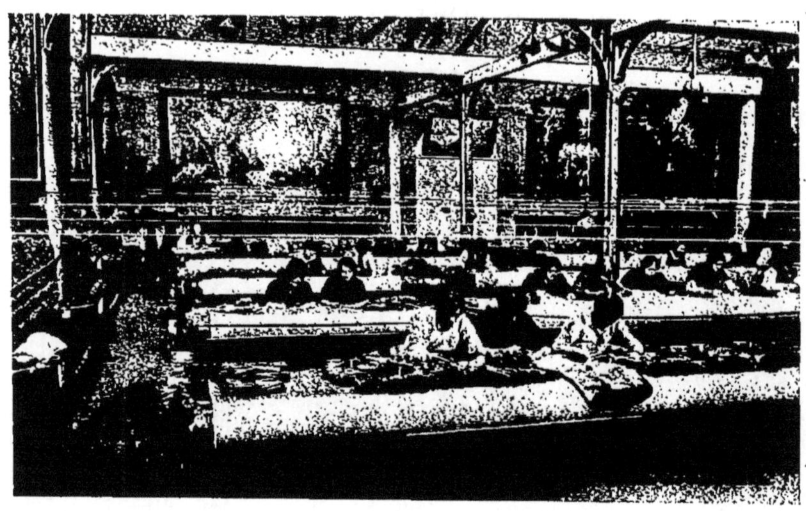

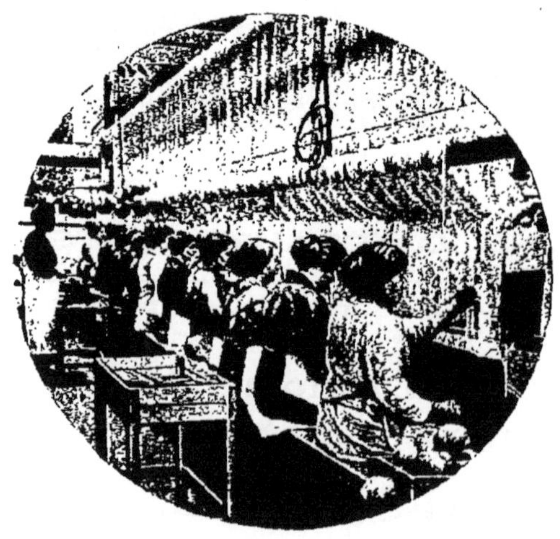

Soieries ....

Tissus d'Ameublement

Tapisserie d'Aubusson

Tapis de Savonnerie

Hall 2. — Emplacement 126/7 et 135/14.　　103

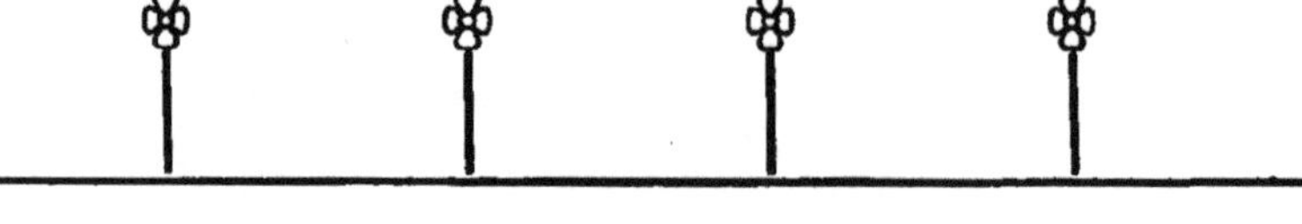

FOURRURES & PELLETERIES EN GROS

....

JUNGMANN & Cie

106-108 & 110, Rue Montmartre

1-3, Rue de Cléry

35, Rue du Mail

PARIS (2ᵉ)

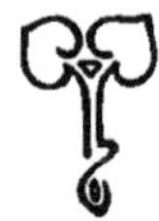

TÉLÉPHONES :

Gutenberg 71-57   Gutenberg 18-46

Adresse Télégraphique : Jungmann-Paris

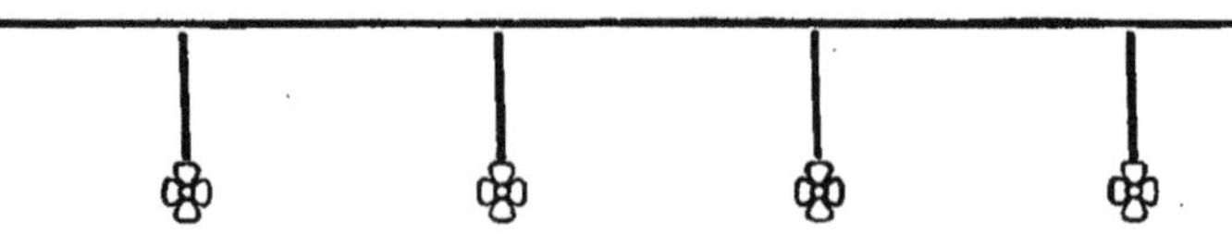

Établissements L. LAPEYRERE

CONSTRUCTEUR

TÉLÉPHONE :
SAXE 09-36
SAXE 75-70

48, Rue de l'Eglise - PARIS (XVe)

ENTREPRISES GÉNÉRALES

Entrepreneur du Salon des Industries du Luxe et des Arts appliqués.

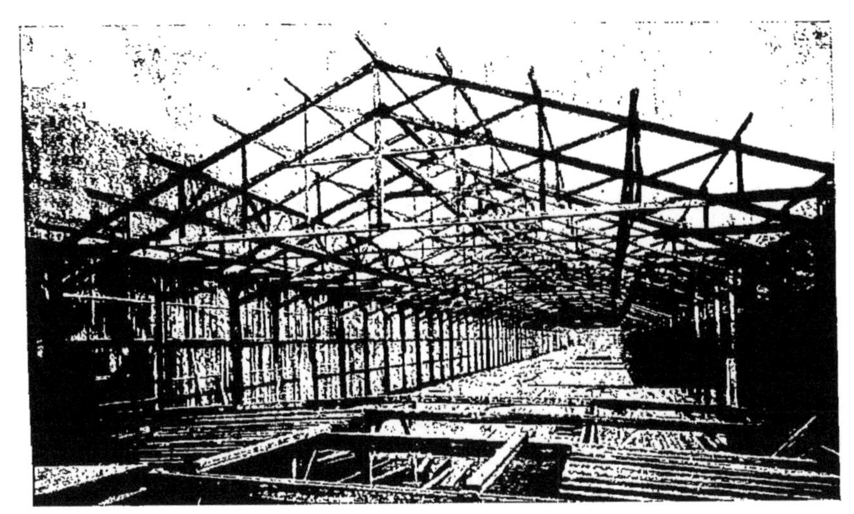

A VENDRE : après l'Exposition

Charpentes en bois provenant des Halls du Jardin des Tuileries

Fermes de 20 m, de portée.

....

Occasion : BARAQUEMENTS 30ᵐ·×6ᵐ·

n'ayant jamais été montés — disponibles de suite

MODÈLE DE L'ARMÉE AMÉRICAINE

à céder à prix très réduit.

....

Pour tous renseignements s'adresser :

48, Rue de l'Eglise, 48 - PARIS (XVe Arrond.)

106

LE MAGASIN DU PRINTEMPS

présente :

dans la Section de la Nouveauté
des meubles, des objets d'art, des robes.

dans la Section des Antiquaires
une collection d'objets anciens.

dans les Buffets de l'Exposition
des décorations peintes.

Le bon goût, la sobriété, la
distinction de cet ensemble,
justifient la réputation que s'est
acquise le PRINTEMPS d'être
le Magasin

LE PLUS ELÉGANT DE PARIS.

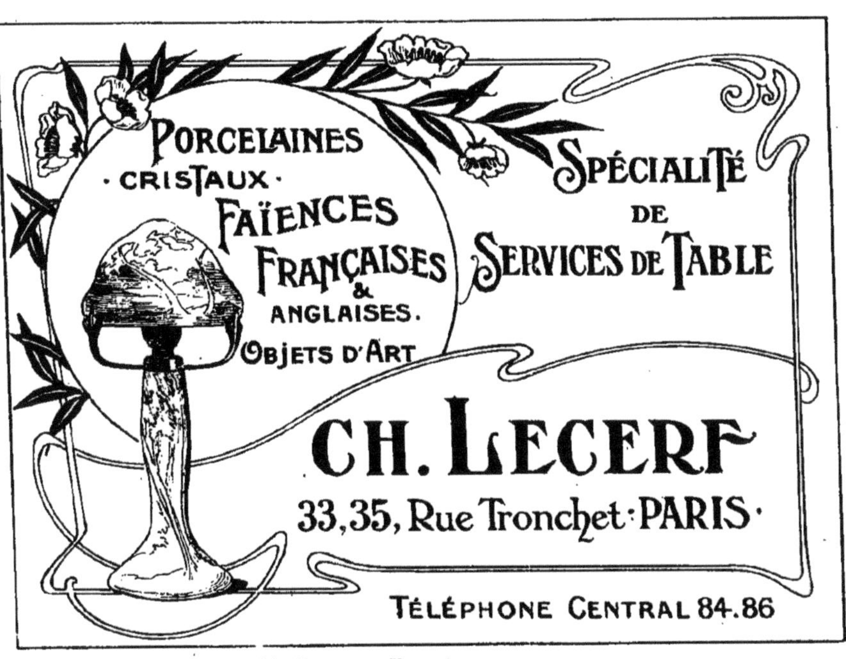

Hall 2. — Emplacement 51.

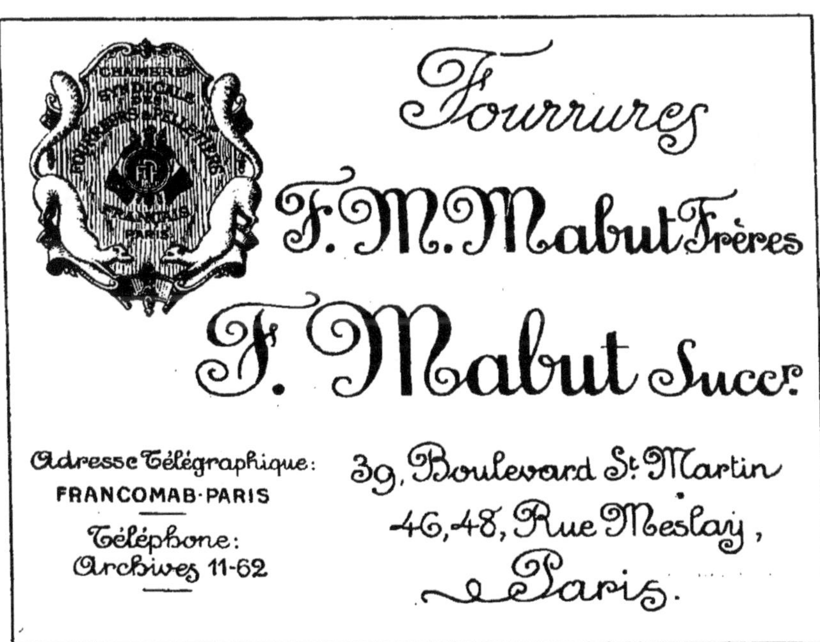

Hall 3. — Emplacement N° 86.

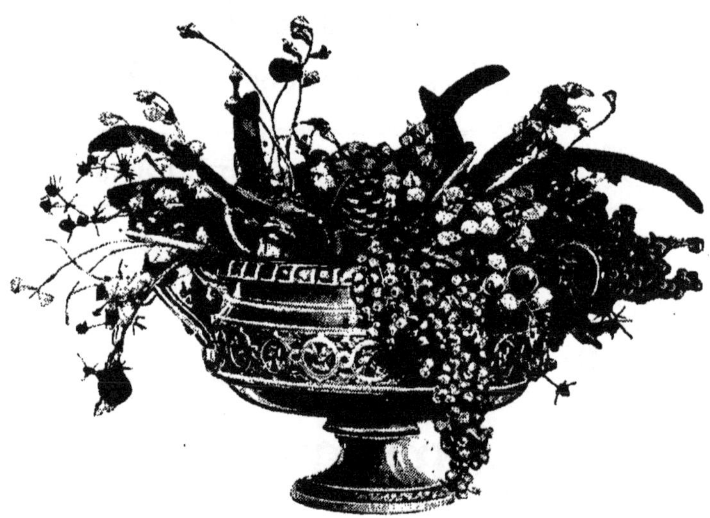

Lefebvre fils aîné

(Sté Anonyme des Établ^{ts}) au Capital de 1.700.000 Fr.

Fabricant Joaillier Orfèvre

106-108, RUE DE RIVOLI, PARIS-1

BIJOUTERIE ✦ ORFÈVRERIE
JOAILLERIE ✦ HORLOGERIE
Petits Bronzes, Objets d'Art.

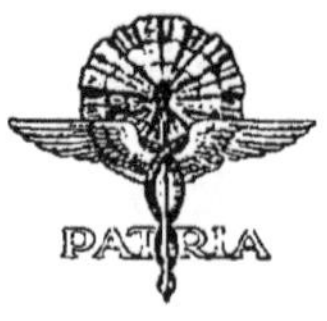

Éditeur des ŒUVRES
de O. ROTY, G. PRUDHOMME
Médailles Artistiques

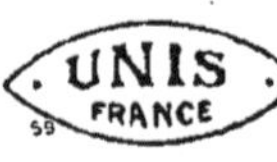

LEVIEIL

18, Rue La Fayette, 18 - PARIS-IXe

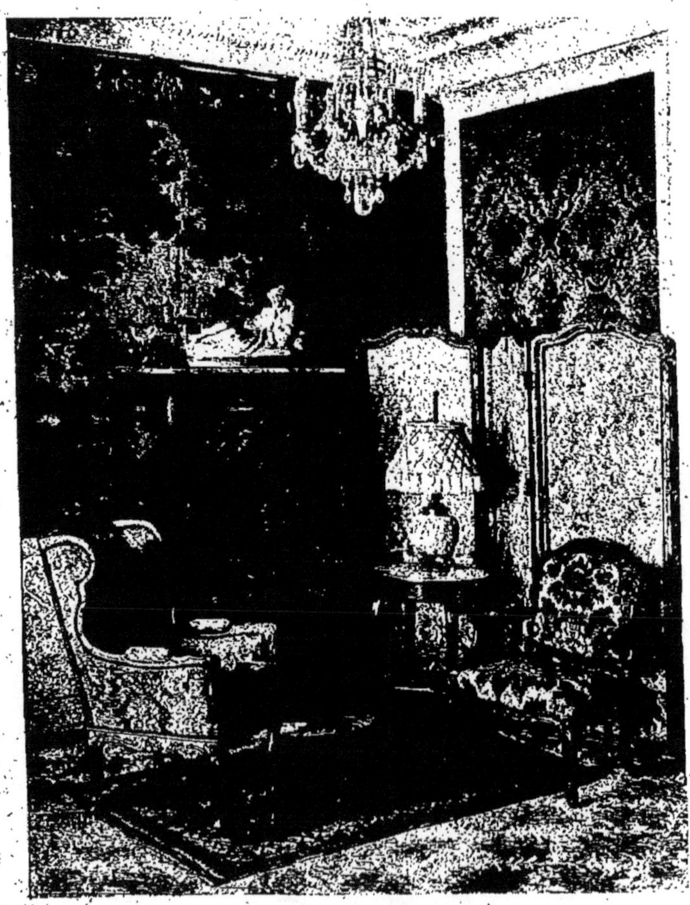

DÉCORATION   ANTIQUITÉS

TÉLÉPHONE CENTRAL 57-15

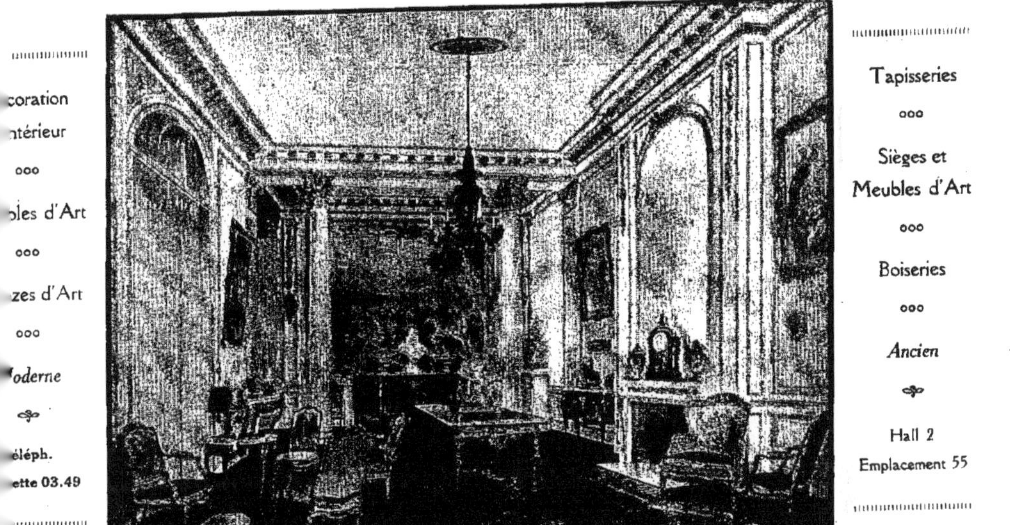

Faubourg Saint-Antoine - PARIS **- LINKE -** SUCCURSALE : **26, Place Vendôme**

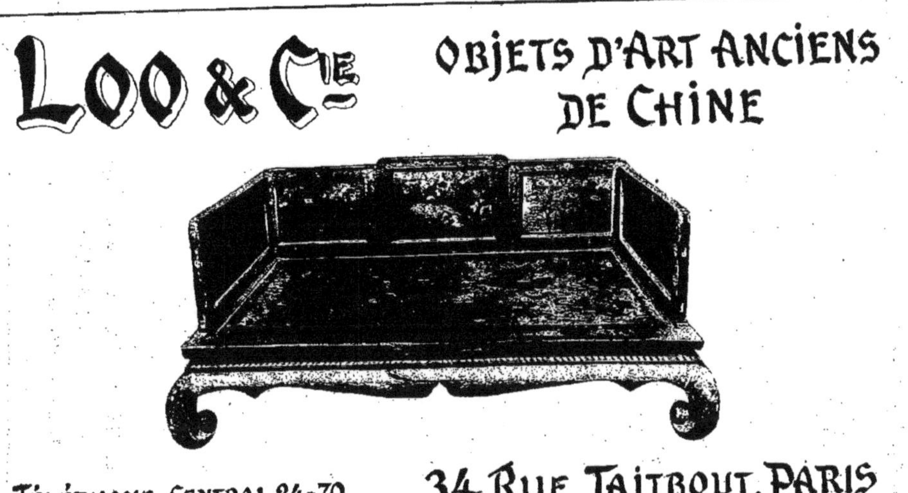

LOO & Cie
OBJETS D'ART ANCIENS
DE CHINE
TÉLÉPHONE: CENTRAL 24-70
34, RUE TAITBOUT, PARIS
Hall 3. — Emplacement 135/16.

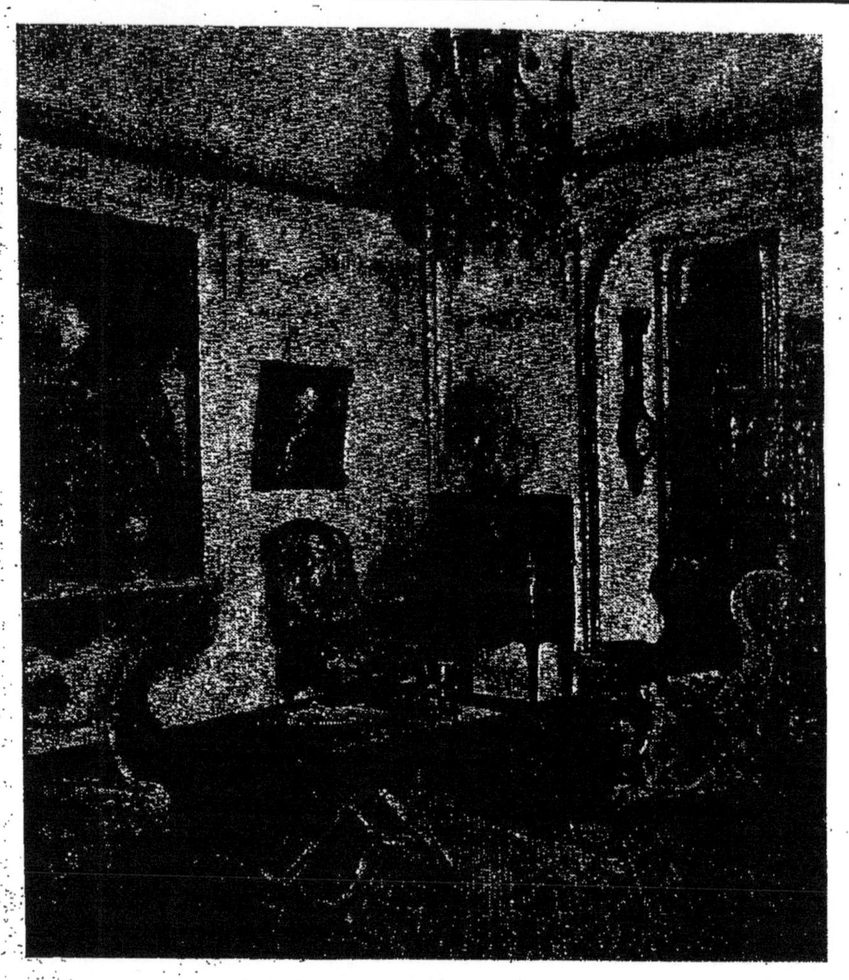

Les Mobiliers les plus élégants,
Les Antiquités les plus intéressantes,
Les Papiers Peints les plus inédits,

chez **Mercier frères**

TAPISSIERS-DÉCORATEURS

100, Faubourg Saint-Antoine, PARIS

❖ ❖ ❖

Succursale à LILLE : 179, rue Nationale   Usine Modèle à LYON

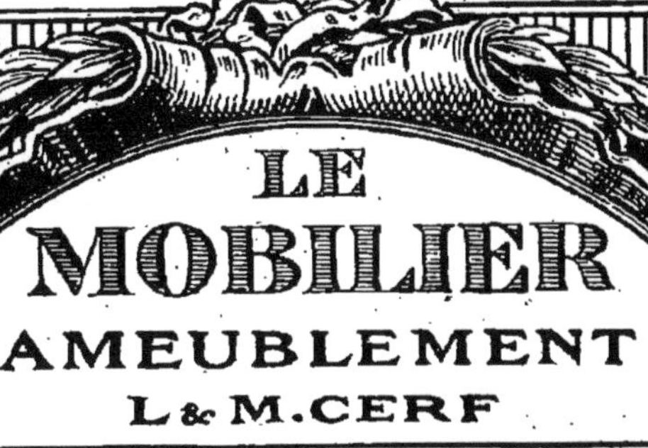

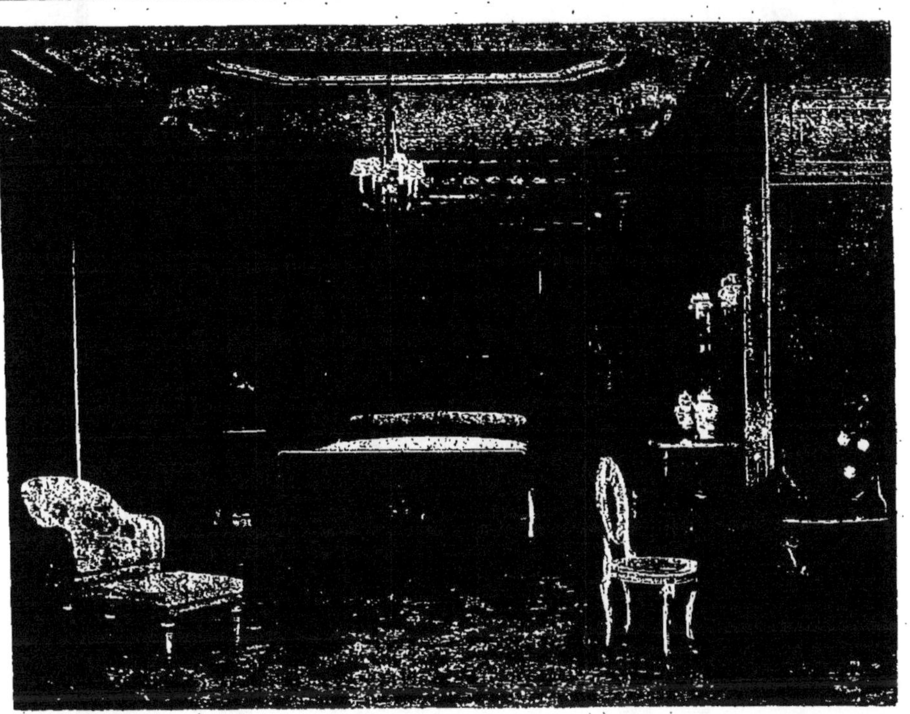

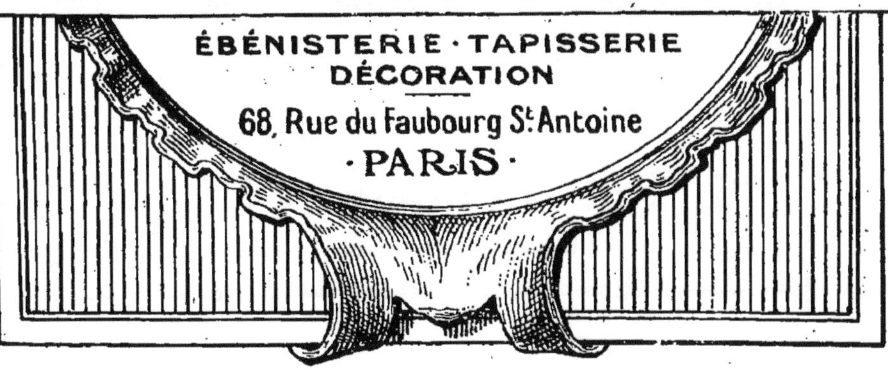

Hall 2. — Emplacement 108.

125.

G. & H. MULLER

·FABRICANTS

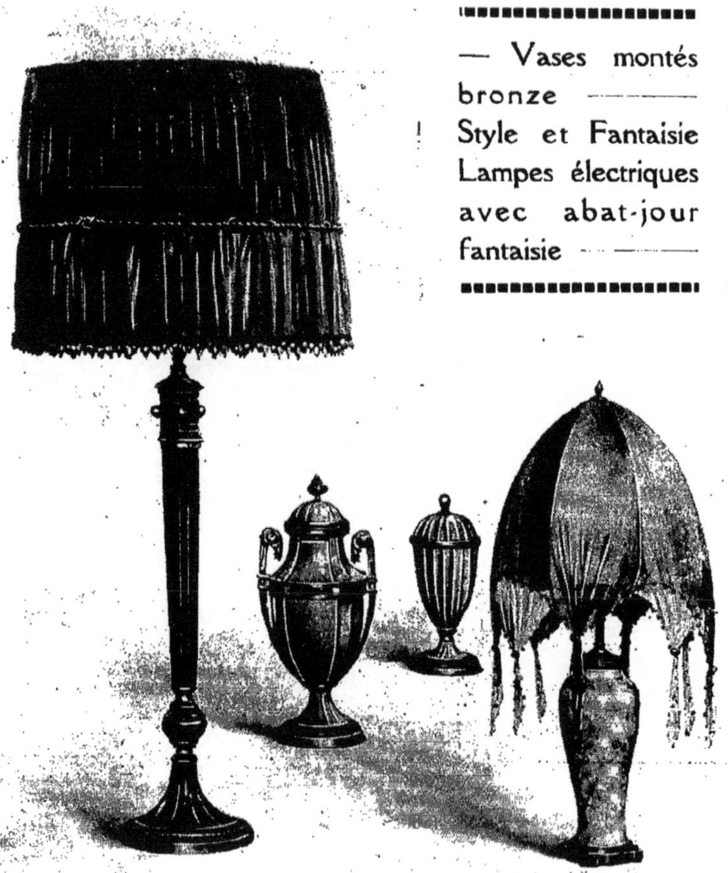

15, Rue Béranger - PARIS-3ᵉ
Téléphone Archives 15-32

A la Reine d'Angleterre

— ❖ —

FOURRURES

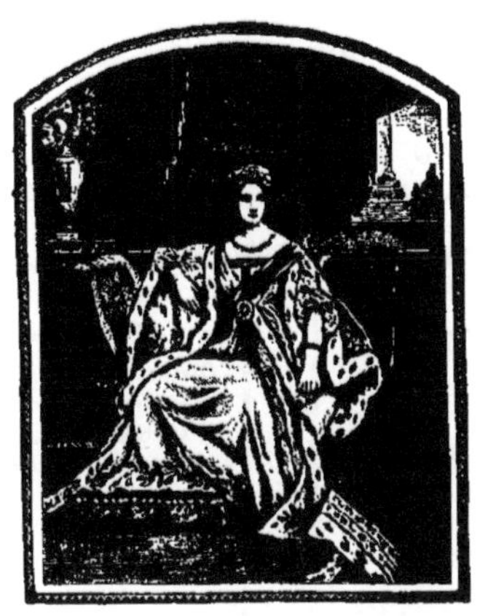

Jacques Neubauer

249, Rue St Honoré

PARIS

Maison Spéciale de Modèles
Corbeilles de Mariage

— ❖ —

Conservation de Fourrures pendant l'Été

— ❖ —

TÉLÉPHONE CENT: 41·82
GUT: 63·02

JOSEPH PAQUIN

COUTURIER

Voir au Stand 153 :

SES ROBES

SES TAILLEURS

SES MANTEAUX

SES FOURRURES

10, Rue Castiglione, 10

Téléph. Louvre 20-16

Y. PERDOUX

ANTIQUAIRE

50, Faubourg Saint-Honoré, 50 - *Téléph. Elysées 14-10*

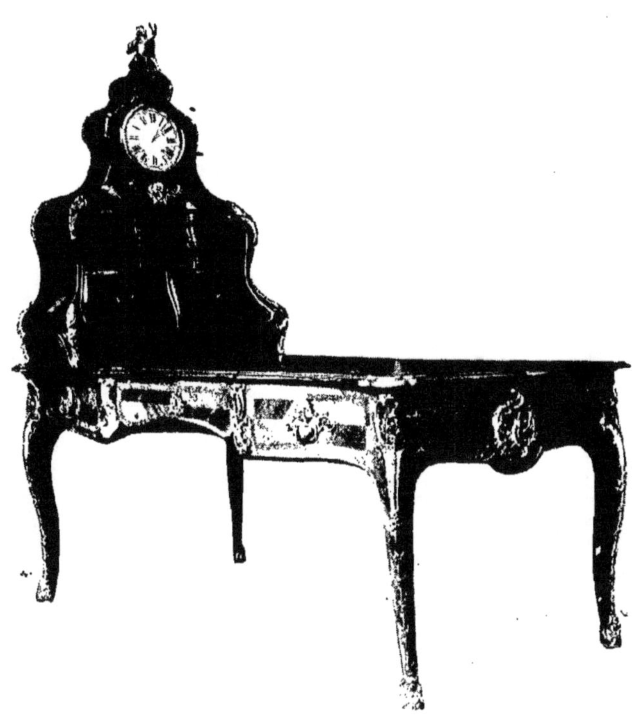

ÉPOQUE LOUIS XV

Bureau plat et son cartonnier, en bois de satiné,
orné de bronzes ciselés et dorés.
(Signé Dubois, maitre-ébéniste.)

TABLEAUX ANCIENS · TAPISSERIES
MEUBLES ANCIENS

Vitrine d'Exposition : **31, Avenue des Champs-Elysées**

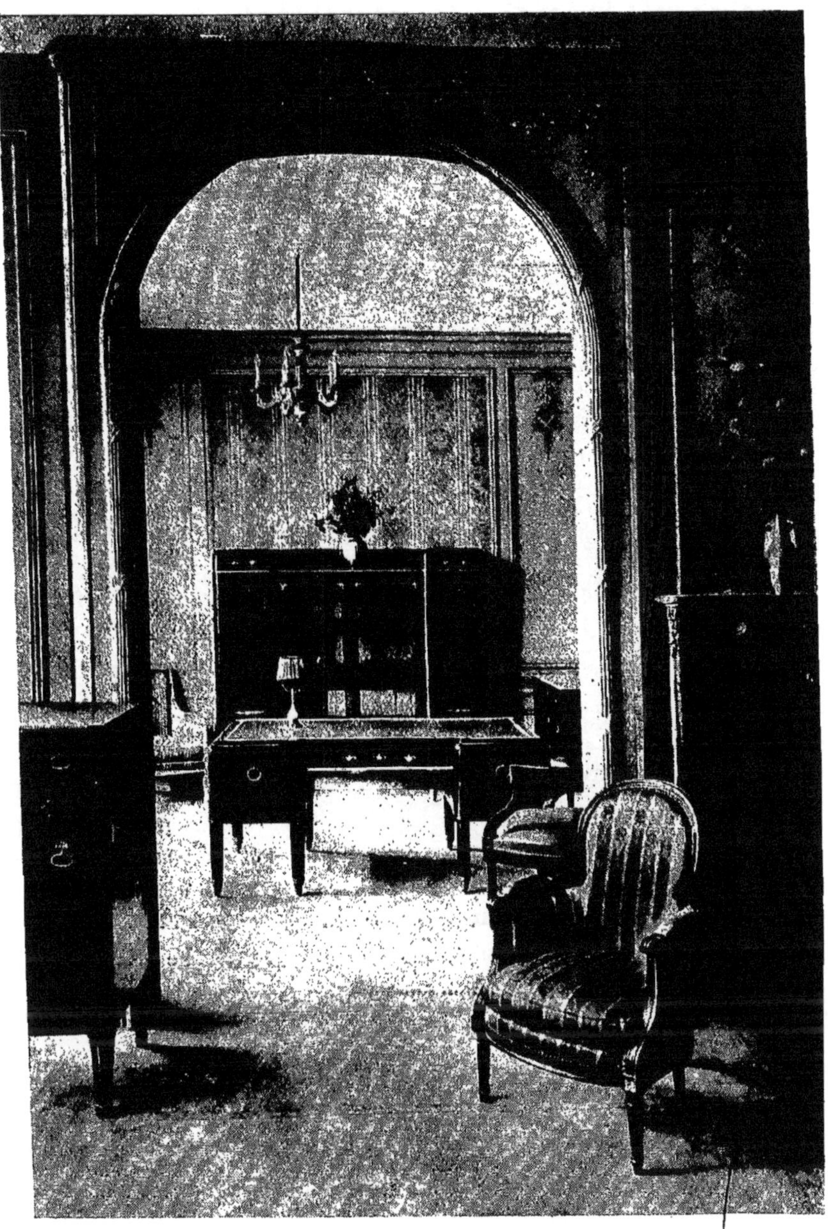

PEROL FRÈRES

AMEUBLEMENTS

4, FAUBOURG SAINT-ANTOINE — PARIS

Hall 2. — Emplacement 79.

133

FABRIQUE D'ÉBÉNISTERIE

FONDÉE EN 1839

Picard & Cie

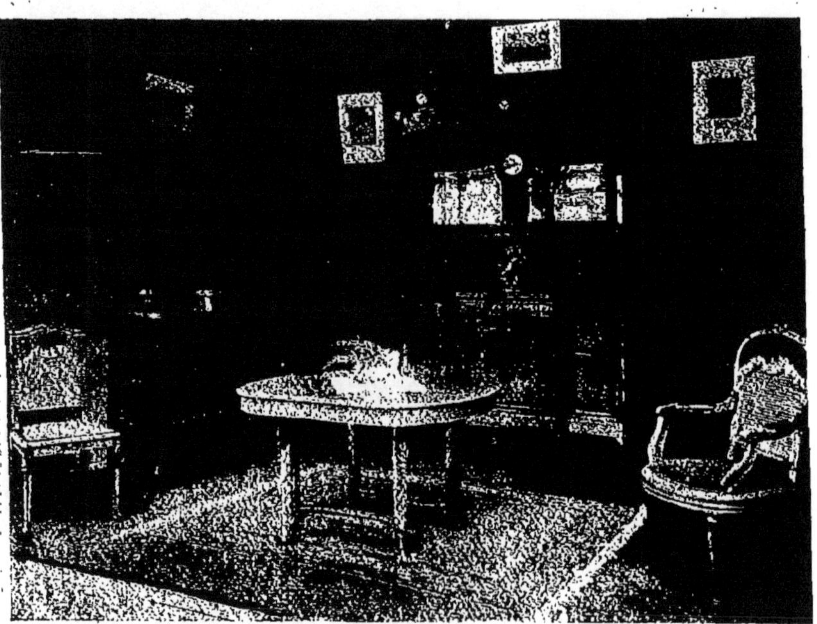

26-26bis, Faubourg Saint-Antoine - PARIS

Ateliers : 25, Rue de Charenton et 60, Rue de Reuilly.

L'idée principale qui doit présider dans l'installation d'un intérieur est de réunir l'utile dans une décoration harmonieuse.

Faire bien avec beaucoup d'argent est à la portée de tout le monde, mais réussir à fabriquer des meubles de bonne qualité, de contours agréables, d'usages pratiques, tout en atteignant des prix modérés, est un but qu'il est beaucoup plus difficile d'atteindre.

C'est ce but que la Maison PICARD & Cie réalise grâce à l'organisation moderne de ses ateliers où dessinateurs, sculpteurs et ébénistes, marchent tous d'un commun accord pour lui conserver la renommée que près d'un siècle d'existence lui a consacrée.

Une visite 26 et 26 bis, Faubourg Saint-Antoine
suffira pour s'en convaincre.

— **Téléphone : Roquette 06-31** —

134

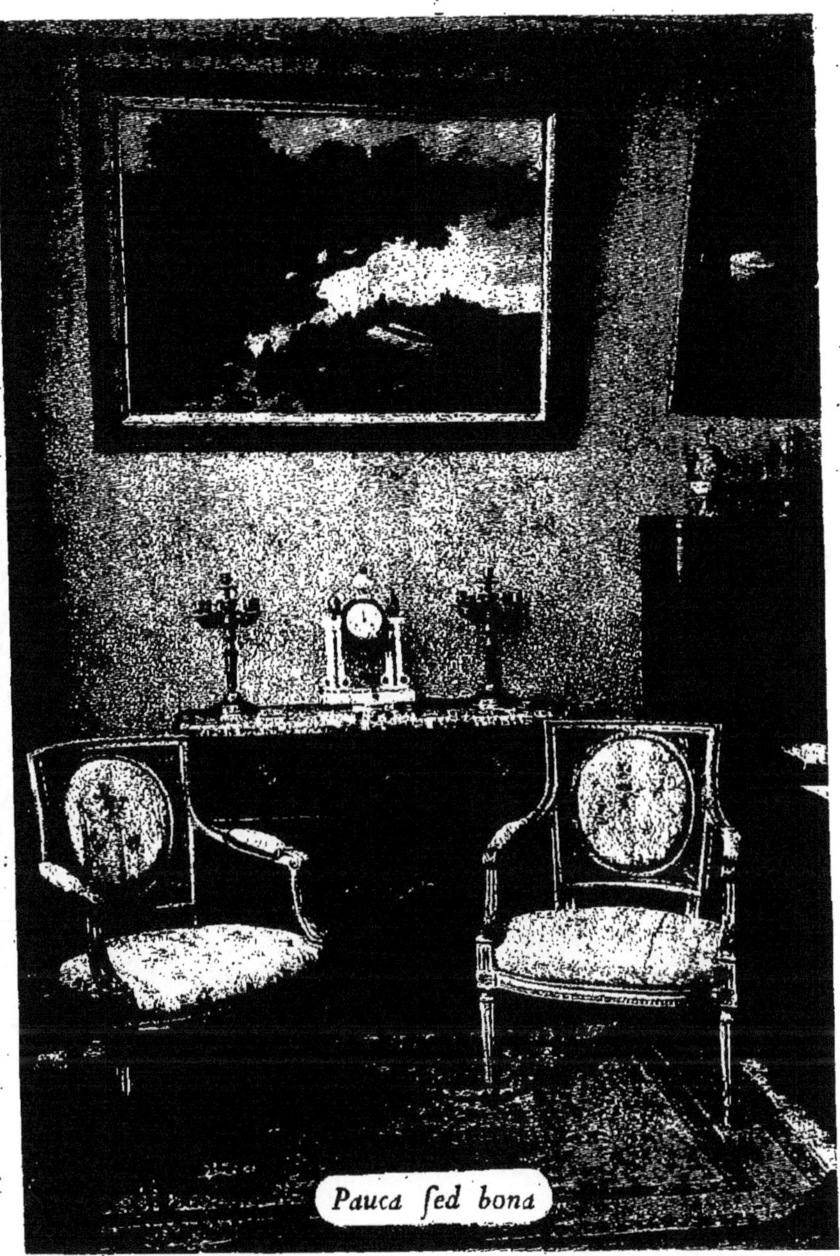
Pauca fed bona

Sculpture - Décoration

Bois - Marbre - Pierre - Staff
et Carton-Pierre

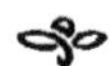

A. SAUBIAC & Fils & J. BERT

SCULPTEURS

34, Passage Châtelet - PARIS (XVIIᵉ)

Modèles de Styles

FABRIQUE DE MAROQUINERIE FINE

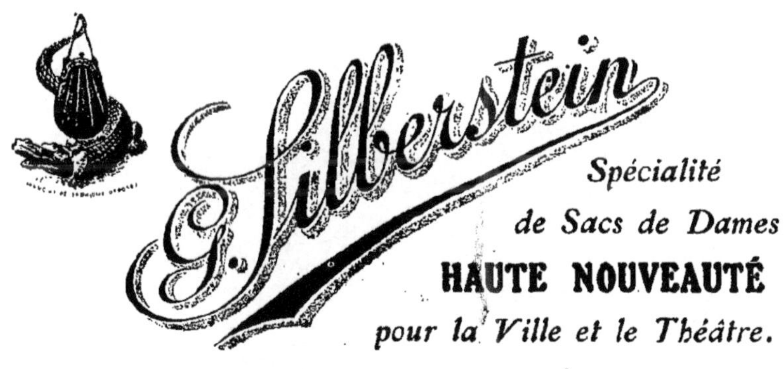

Téléphone NORD 70-40

66, Rue de Bondy - PARIS

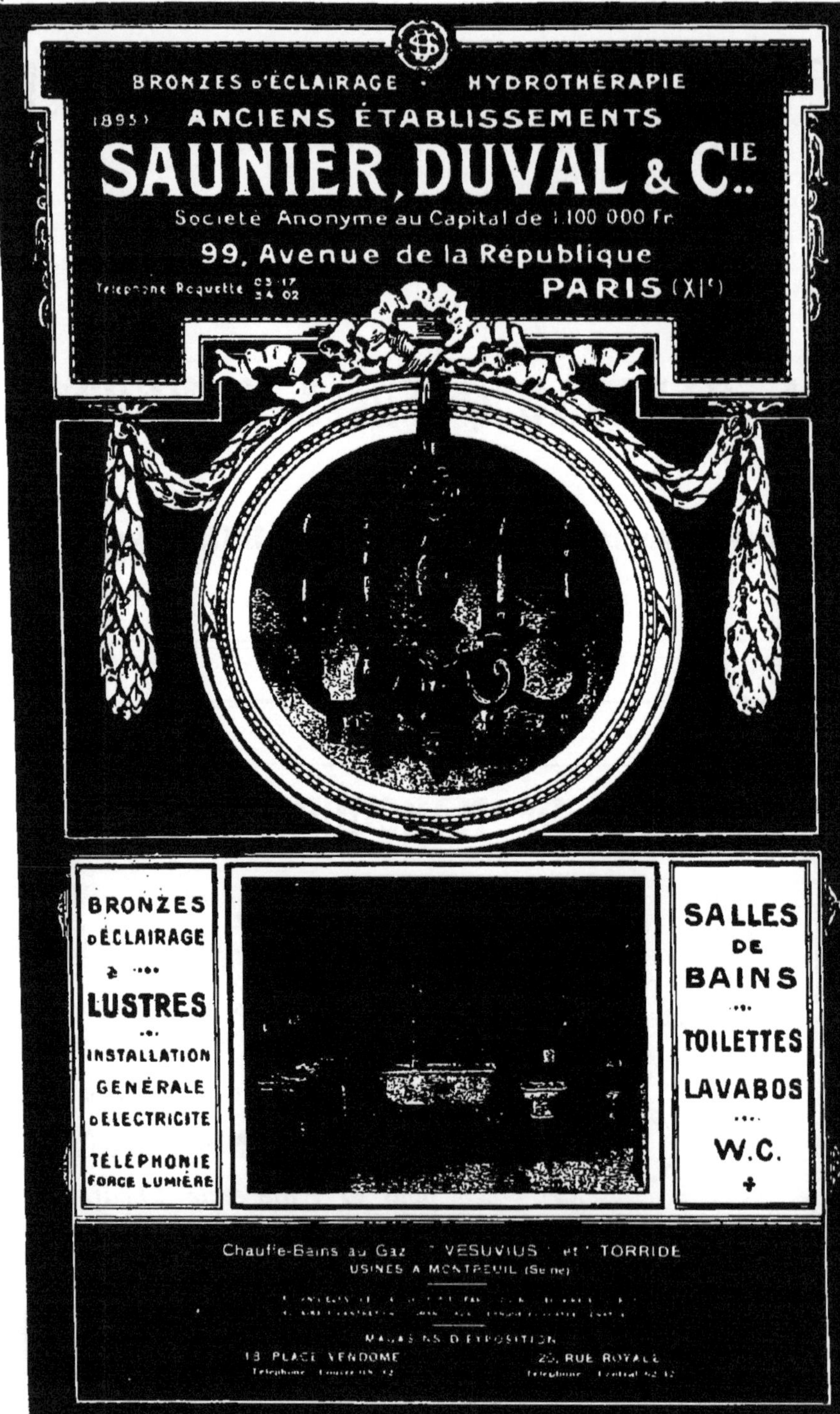

BRONZES D'ÉCLAIRAGE · HYDROTHÉRAPIE
(1895)
ANCIENS ÉTABLISSEMENTS
SAUNIER, DUVAL & Cie
Société Anonyme au Capital de 1.100 000 Fr.
99, Avenue de la République
PARIS (XIe)
Téléphone Roquette 05-17
34 02
BRONZES
D'ÉCLAIRAGE
&
LUSTRES
INSTALLATION
GÉNÉRALE
D'ÉLECTRICITÉ
TÉLÉPHONIE
FORCE LUMIÈRE
SALLES
DE
BAINS
TOILETTES
LAVABOS
W.C.
Chauffe-Bains au Gaz "VESUVIUS" et "TORRIDE"
USINES A MONTREUIL (Seine)
MAGASINS D'EXPOSITION
13 PLACE VENDOME
25, RUE ROYALE

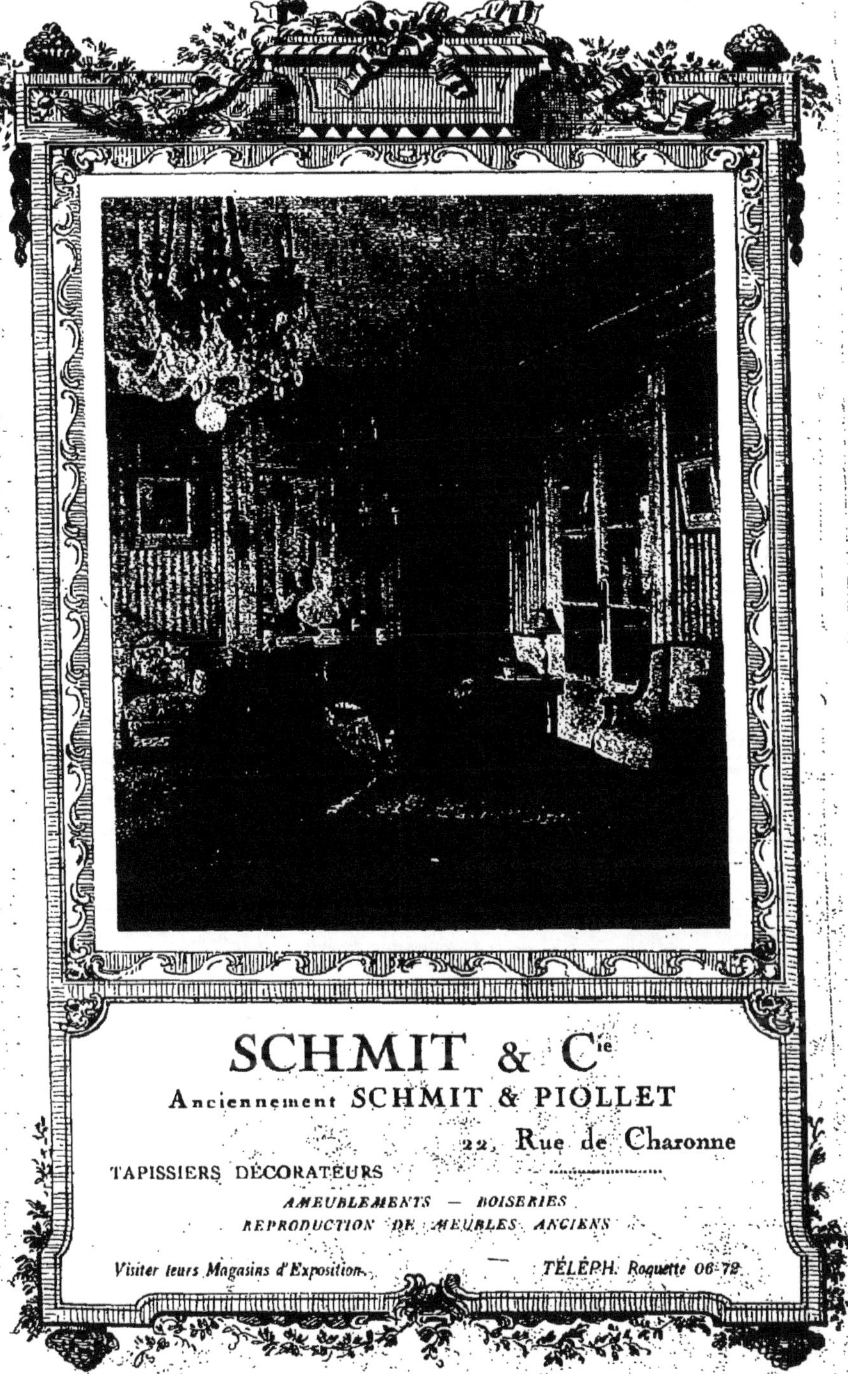

SCHMIT & Cie

Anciennement SCHMIT & PIOLLET

22, Rue de Charonne

TAPISSIERS DÉCORATEURS

AMEUBLEMENTS — BOISERIES
REPRODUCTION DE MEUBLES ANCIENS

Visiter leurs Magasins d'Exposition.   TÉLÉPH. Roquette 06-72

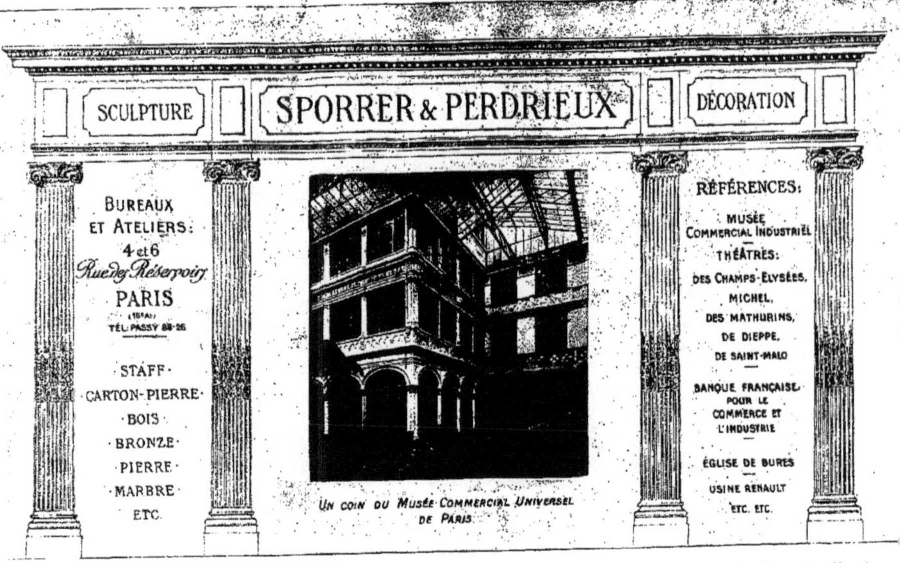

Décorateurs des Stands de la Chambre Syndicale de la Curiosité et des Beaux-Arts, au Salon des Arts Appliqués.

BRONZES D'ART
SUSSE FRÈRES
Fabricants de Bronzes - Éditeurs

CÉRAMIQUE D'ART 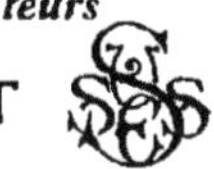

13, Boulev. de la Madeleine . **PARIS** - 31, Place de la Bourse, 31

— *Tél. Central 51-52* ——————— *Tél. Gutenberg 26-10* —

Vérité méconnue
par Dalou.

Pendule Louis XVI
par Lelièvre

Jeanne d'Arc
par Antonin Mercié.

Hall 2. — Emplacement 40.

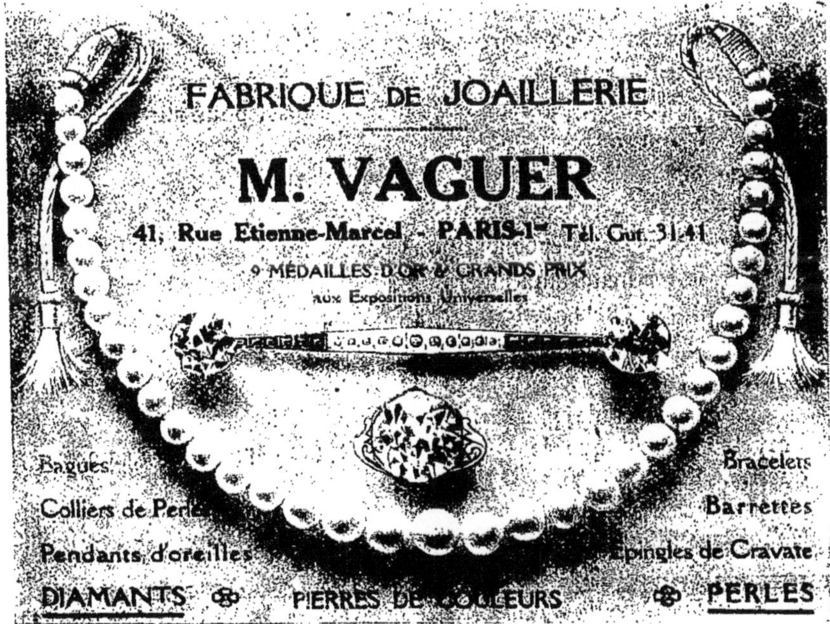

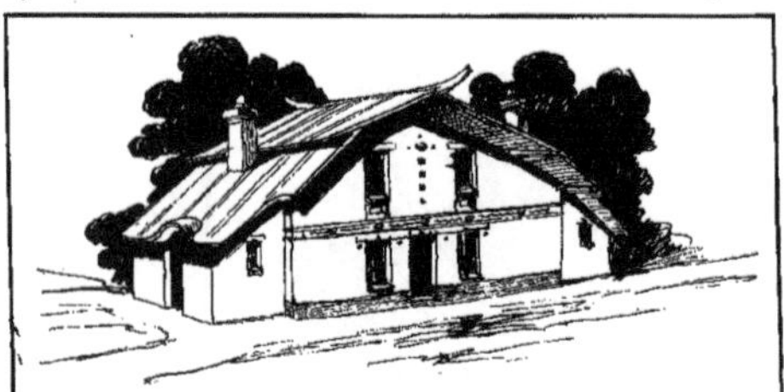

Les procédés **SCORIA** consistent à construire une maison entièrement en matériaux agglomérés, sauf les menuiseries et vitrerie.

Ces matériaux sont **lourds**, (agglomérés de ciment) ou légers (GOLPO).

Le choix de la maçonnerie en matériaux lourds se fait suivant le genre d'architecture qui doit être employé, et les matiéres de remplissage qu'on trouve sur place.

Les procédés comportent la construction en

1° **Plaques à crochets** en sable, pour appareils de pierre de taille, parements de murs en pisé, pour murs creux doublés.

2° **Blocs à trous** en machefer, sable, etc.

3° **Briques** de terre crue ;

4° **Blocs creux** spéciaux pour architecture Normande.

Avec les matériaux légers on fait tout le reste de la maison planchers, parquets, toitures, gouttières, escaliers, appuis, etc.

Avec le **Golpo**, on construit également des murs extra-légers pour maisons définitives ou démontables.

Les formes de pierres, les machines à les fabriquer, sont brevetées, ainsi que le **Golpo**, produit incomparable comme qualité.

27, Rue Marbeuf - PARIS — *Téléph. Passy* 29-05

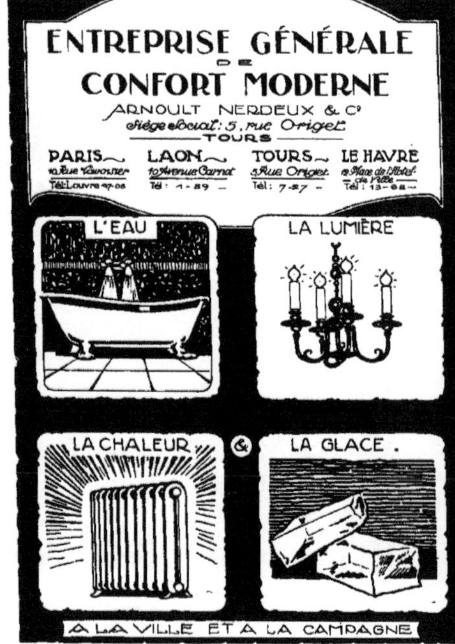

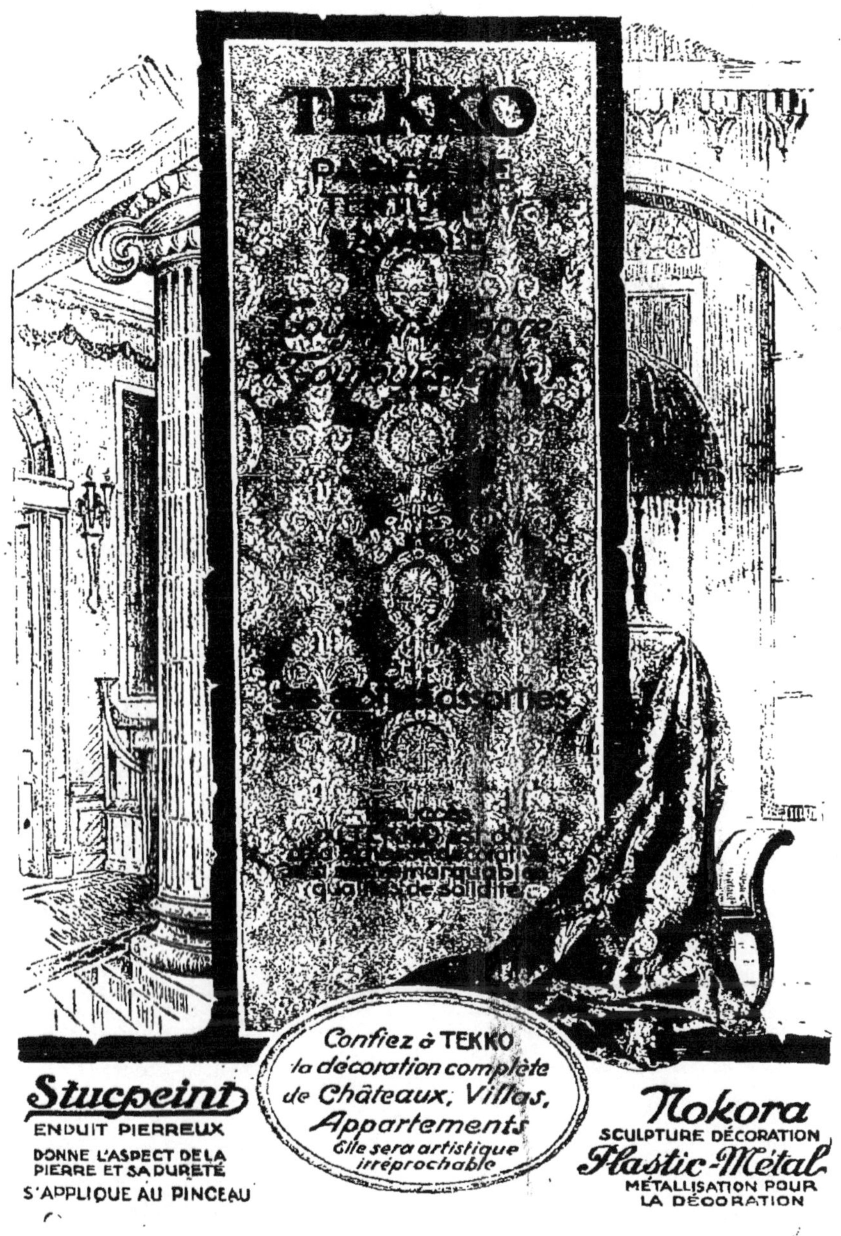

TEKKO

Stucpeint
ENDUIT PIERREUX
DONNE L'ASPECT DE LA
PIERRE ET SA DURETÉ
S'APPLIQUE AU PINCEAU

Confiez à TEKKO
la décoration complète
de Châteaux, Villas,
Appartements
Elle sera artistique
irréprochable

Nokora
SCULPTURE DÉCORATION
Plastic-Métal
MÉTALLISATION POUR
LA DÉCORATION

TEKKO, 28, Rue de Richelieu, PARIS

EHRMANN-PUBLICITÉ.

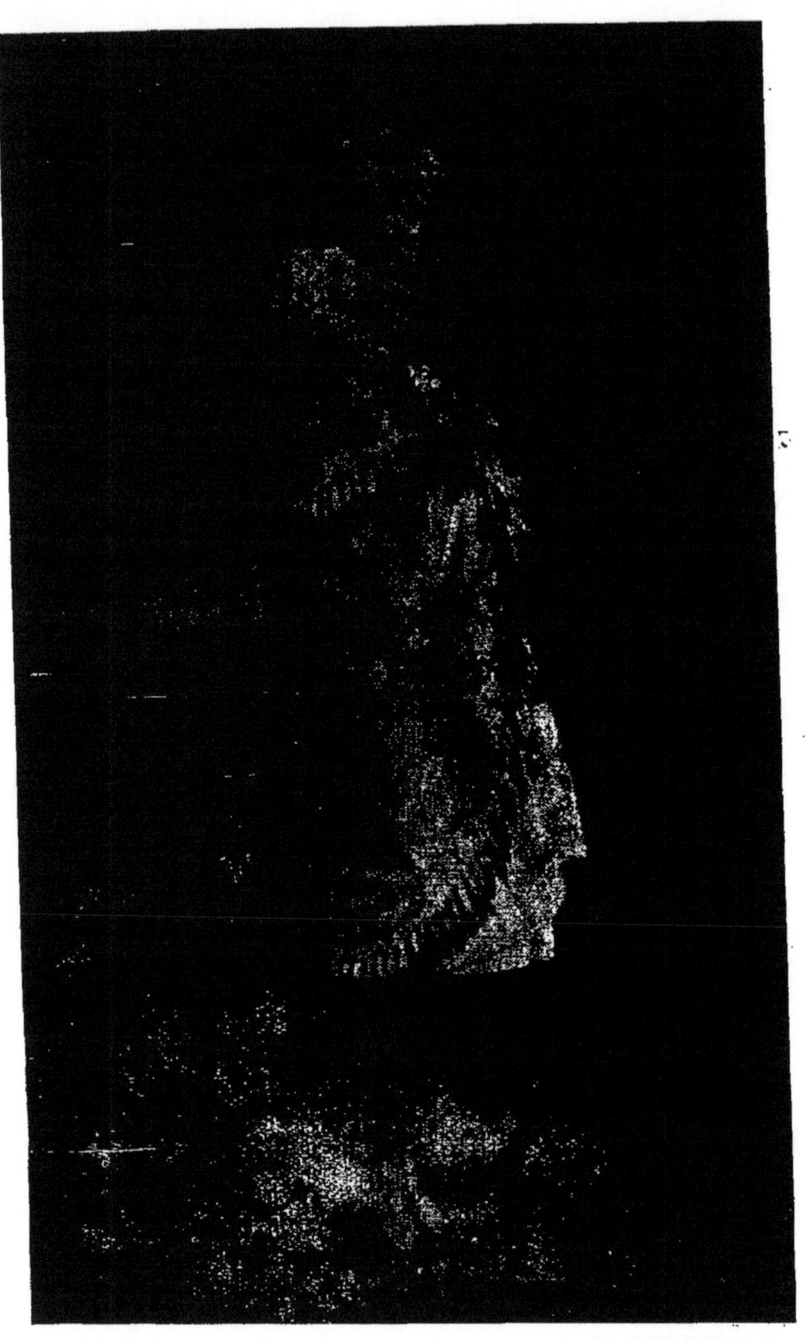

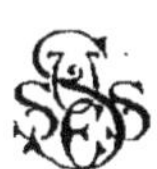

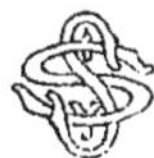

ATELIER DE
CÉRAMIQUE D'ART
et d'Art Industriel

J. SUSSE

27, Rue Diderot - ISSY-les-MOULINEAUX
Téléph. 97-Issy   (Seine)

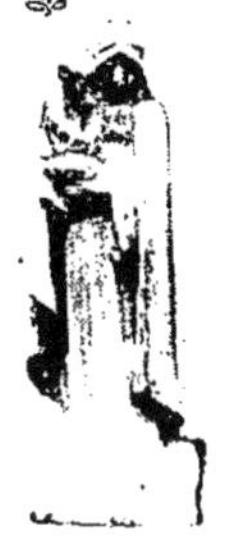

Vierge au palmier
par Léonard

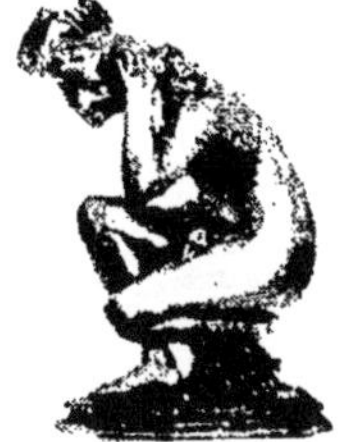

Flore
par Carpeaux

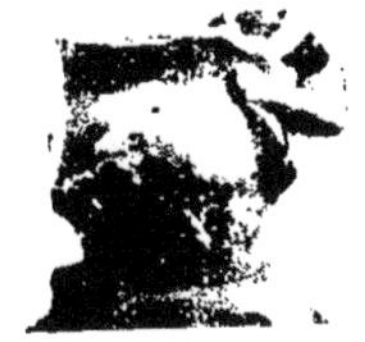

Cache-pot Sommeil
par Vital Cornu

Exposition : **13-15, boulevard de la Madeleine & 31, rue Vivienne**
(Place de la Bourse)

Hall 3. — Emplacement 41.

GALERIE SAINT-AUGUSTIN
M^{on} VAUQUELIN

93, Boulevard Haussmann (près la Place St-Augustin)

ANTIQUITÉS

Tapisseries - Tableaux - Objets d'Art - Décoration
Ameublements Anciens

ACHAT - ÉCHANGES - EXPERTISES - RESTAURATIONS
Réalisations pour le compte de particuliers — Commission - Exportation

Vente au Commerce,   *Maison fondée en 1897*

Hall 2. — Emplacement 135/27.

CORSAGES   **PEIGNOIRS**

WORMS-ALEXANDRE

136, Rue Saint-Denis - PARIS
Téléph. Gutenberg 52-98

TABLIERS   **JUPONS**

Hall 3. — Emplacement 203.

152

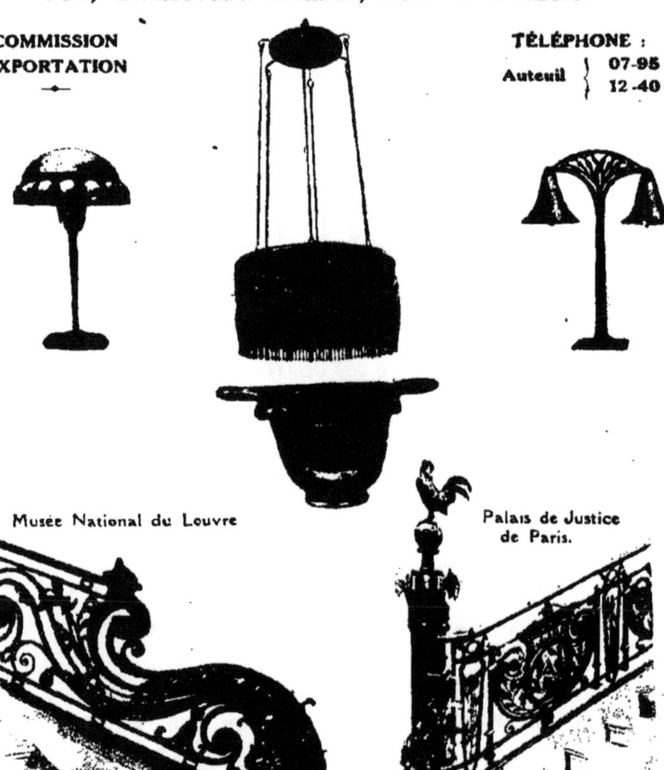

Serrurerie & Ferronnerie d'Art - Lustrerie
Objets d'Art
MODERNE & STYLES —— BRONZES - FERS FORGÉS
EDGAR BRANDT
101, Boulevard Murat, 101 -:- PARIS
COMMISSION
EXPORTATION
TÉLÉPHONE :
Auteuil { 07-95
12-40
Musée National du Louvre
Palais de Justice
de Paris.

Théâtre Municipal de Nancy (Place Stanislas)

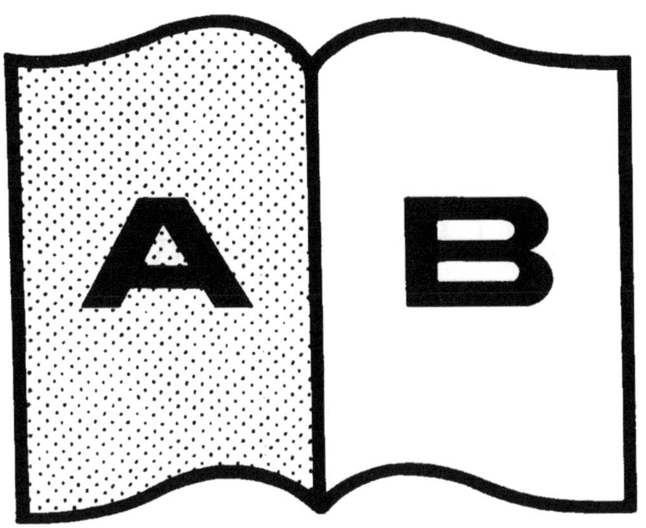

Contraste insuffisant

NF Z 43-120-14

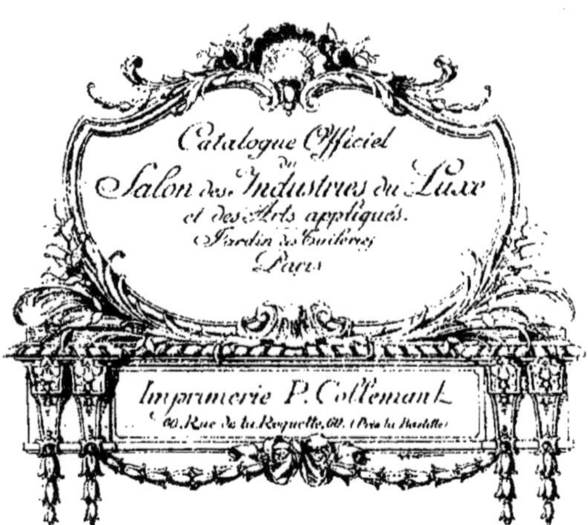

Catalogue Officiel
du
Salon des Industries du Luxe
et des Arts appliqués.
(Jardin des Tuileries)
Paris
Imprimerie P. Collemant
60, Rue de la Roquette, 60. (Près la Bastille)